책으로 치유하는 시간

책으로
치유하는
시간

김세라 지음

보아스
BOAZ

《상처를 떠나보내는 시간》을 출간하고 나서 상처 관련 강의를 많이
진행했다.

　강의를 하면서 만난 사람들 대부분이 상처를 가슴속 깊이 묻어
두고 있었다. 묻어둔 상처는 일상에서 활력 있게 지내다가도 혼자
만의 시간이 되면 서서히 고개를 들기 시작한다. 그리고 어김없이
안 좋았던 기억들이 필름처럼 돌아가기 시작한다.

　상처를 받지 않는 사람은 없다. 그러나 그 후 어떻게 치유하느냐
에 따라 우리의 삶은 크게 달라질 수 있다. 그래서 상처를 받지 않
는 것보다 더 중요한 것은 바로 치유하기 위한 노력이다.

　여행을 떠나고, 몰두할 수 있는 취미를 찾고, 이야기를 들어주고
조언해줄 수 있는 상대를 찾는 행동들은 상처를 치유하기 위한 노
력이다. 그러나 그보다 더 도움이 되는 방법이 있다. 바로 독서다.

　책 속에는 인간의 갖가지 감정과 수많은 사연이 담겨 있다. 우리
는 글자에 담긴 기쁨, 슬픔, 아픔, 사랑, 분노, 인물들의 상처를 따

라 느끼며 간접적으로 다채로운 감정을 느껴볼 수 있다.

또한 책 속의 인물들과 연결되어 있는 갖가지 사연들을 따라가며 그 원인과 결과를 객관적으로 볼 수 있어 어떤 일을 조망할 수 있는 힘이 생긴다.

특히 소설에는 등장인물들의 인생이 담겨 있다. 그들의 상처는 나 또는 내 주변 사람들의 상처와 상당히 닮아 있다. 그래서 읽으며 우리 자신의 상처를 객관적으로 보게 되고, 그것을 통해 치유의 길을 발견하게 된다.

상처는 개인의 사건이며 치유도 개인의 몫이다. 그래서 스스로 노력하지 않으면 상처는 줄어들지 않은 채 남아 있게 된다.

상처 치유를 위한 최선의 방법은 자신의 성장이며 그 구체적 방법은 독서다.

독서를 통해 상처를 논리적으로 분석하고 관조하면서 자신의 상처의 원인을 파악하고 실체를 파악할 수 있다. 상처의 실체를 알게 되면 나아가 그에 맞는 해결 방법을 구체적으로 모색할 수 있다. 그리고 부수적으로 얻는 것은 책을 통한 지적 충족감이다.

지적 욕구는 물질적 욕구와 달리 채우면 채울수록 충만함과 만족감을 선사한다. 그것은 자존감을 높여주고, 높아진 자존감은 상처에 대한 면역력과 치유할 수 있는 힘을 길러줄 것이다.

이 책을 읽는 독자들이 자신의 상처를 보듬고 지적충족감을 얻기를 소망한다. 더불어 이 책에 실려 있는 책들을 모두 읽어보게 되기를 소망한다.

차례

CHAPTER 1

감정적 결핍에
민감한 청춘 시절

'청춘'은 우리가 지나온 세월 중 가장 정열적인 시간이다.

　소설가이자 번역문학가인 민태원은 수필 《청춘예찬》에서 "이는 듣기만 해도 가슴이 설레는 말"이라고 했다.

　청춘 시기는 우리가 무엇이나 될 수 있다는 무한한 이상과 희망을 품고 열정적으로 나아가는 시기다.

　그러나 나이가 들수록 삶에서 실패와 좌절의 경험을 통해 불같은 뜨거움에서 약간은 비켜서게 되지만, 청춘의 시기에는 경험 부족과 감정 조절의 미숙으로 그것이 쉽지 않다. 그래서 청춘 시기의 결핍은 위험하고 이후의 삶에 깊은 상처로 남기도 한다.

순수와 현실성의
균형감을 실패한 청춘

《젊은 베르테르의 슬픔》

괴테의 소설 《젊은 베르테르의 슬픔》에는 순수한 사랑의 감정을 주체하지 못하는 젊은이가 등장한다. 청년 베르테르는 사랑을 잃고 그 실연의 고통을 견디지 못해 삶을 포기한다. 당시 이 책의 영향으로 실연을 당하거나 우울증에 빠진 수많은 젊은이가 모방자살을 했다. '베르테르 증후군'은 바로 여기에서 유래했다.

베르테르는 그림을 그리는 시인이자 법을 공부하는 청년이다. 그는 평소 알고 지내던 법관 S씨로부터 자신의 시골마을을 방문해달라는 요청을 받는다. 그러나 고독한 삶을 중요시하는 베르테르는 이 요청의 이행을 미루다가 젊은 친구들이 그곳에서 무도회를 열자 시골마을을 방문한다. 그는 그곳에서 만난 아름다운 여인 로테에게 첫눈에 반한다.

그 사랑의 감정은 그의 내면을 온통 차지해 그녀를 생각하는 것만으로도 마음속 우울이나 공허감이 사라질 정도다.

그러나 한 가지 문제가 있었다. 로테에게 약혼자가 있었던 것이다. 약혼자인 알베르트가 돌아오자 베르테르는 자신이 로테를 온전하게 차지할 수 없음을 견디지 못해 떠나버린다. 하지만 로테를 잊지 못하고 3년 후 다시 돌아왔을 때 로테는 이미 알베르트와 결혼해서 행복하게 살고 있었다. 그는 사랑을 잃은 고통으로 다른 곳에 쏟을 열정조차 사라져버리자 권총으로 자살을 한다.

18세기의 베르테르는 사랑 때문에 죽을 만큼 로맨티스트일 수도 있지만 지금 시각에서 보자면 그 사랑은 집착에 가깝게 보인다. 베르테르는 감정적 에고이스트며 예술가적 기질을 갖고 있다. 요즘이라면 교육을 통해 그 감성을 잘 키워 발전적인 방향으로 나갔겠지만 그때는 달랐다. 당시는 사회의 흐름이 고전주의에서 낭만주의로 옮겨가는 시점으로 사람들은 낭만에 목말랐지만 그 감정의 실체를 정확히 알지 못했다. 단지 허무하고 헤어날 수 없는 절망감 속에서 암울해할 뿐이었다.

만약 열정적이고 감성적인 베르테르가 이루어질 수 있는 사랑을 했더라면 매우 낭만적이었을 것이다. 또 사랑이 끝났을 때 그 감정에서 빠져나올 현실적 균형감을 가졌더라면 다른 사람과 새로운 사랑을 시작하고 행복한 삶을 살았을 것이다.

그러나 베르테르는 그렇지 못했다. 그는 긍정적인 삶의 자세를 가진 인물이 아닌 데다 고집이 셌다. 인생은 허무하며 고독만이 마

책으로 치유하는 시간

음의 진정제라고 생각했다. 그의 우울은 천성적으로 타고났다고 할 수 있다. 그가 로테에게 빠져든 것도 그것과 무관하지 않다.

베르테르와 로테가 처음 만나는 장면은 한 남자가 창가에 앉아 노래를 부르는 여인을 보고 첫눈에 반해 사랑에 빠지는 로맨틱한 동화가 아니다. 베르테르가 로테를 처음 보았을 때, 로테는 집에서 여덟 명의 동생들에게 둘러싸여 검은 빵을 손에 들고 나이에 따라 적당한 양을 잘라 먹이고 있었다. 아이들은 밝고 활기를 띠고 있었고, 로테는 그들을 따뜻하게 보살펴주고 있었다.

아름다운 로테는 이상적인 아름다움을 갖고 있지만 고상하고 도도한 척하는 여인이 아니라 동생들을 돌보고 사람들과 잘 어울리는 현실성을 갖추고 있다. 그래서 고독이라는 감정적 절박함을 안고 있는 베르테르에게 로테는 이상적인 아름다움과 사교성을 겸비한 존재로 구원자처럼 다가왔을 것이다.

항상 우울하고 그 감정을 잘 다스리지 못하는 사람은 자기 과신과 함께 자괴감의 양가감정을 갖고 있다. 그래서 이들은 가진 것이 많음에도 자신은 아무것도 가진 것이 없다고 느낀다. 이런 사람들은 어떤 사람을 만나느냐에 따라서 그것이 곧 감정적 결핍을 해결할 수 있는 방법이 된다. 그런 의미에서 로테는 베르테르에게 좋은 상대라 할 수 있다.

실제로 로테는 병든 사람에게 위안이 되는 인물이다. M부인은 임종을 앞두고 로테에게 함께 있어줄 것을 청한다. 로테는 그동안 그녀를 자주 방문해서 이야기를 들어주고 그녀가 알고 있는 사람들의 소식을 전해주는 친절을 베풀어왔다. M부인은 어느 날 로테와 자신의 남편을 함께 앉혀놓고 남편 모르게 가게의 공금을 꺼내서 생활비에 보탰었음을 말한다. 오랫동안 숨기며 자신을 괴롭혔던 사실을 고백할 수 있었던 것은 죽음을 준비할 용기를 얻었기 때문이다. 로테가 옆에 있음으로 해서 죽음을 맞이할 용기를 갖게 된 M부인의 경우처럼 사람들은 로테를 통해 마음의 위안을 얻는다.

로테가 보살피는 곳은 어디든지 고통이 사라지고 행복이 가득해진다고 생각하는 베르테르에게 그녀는 사랑을 넘어선 신성한 존재다. 베르테르는 로테 앞에서는 고뇌와 혼란스러움이 사라지고, 대화를 나눌 때 그녀의 입김이 닿으면 넋을 잃고 쓰러질 듯한 정도의 강렬한 사랑에 빠진다. 사랑의 열병을 앓는 그는 자신이 사랑하는 만큼 그녀도 자신을 사랑할 것이라는 착각에 빠진다.

그러나 베르테르의 연적인 로테의 약혼자 알베르트는 훌륭하고 누구나 호의를 갖는 인물이었다. 그래서 베르테르는 상대적으로 비참함을 느낀다. 혼자 차지할 수 없는 사랑은 누구에게나 고통이다. 베르테르의 결핍은 여기에서 시작된다.

공사관 비서를 자청해 떠나서도 베르테르는 행복하지 못했다. 보통 사람들보다 매우 예민하고 사회적이지 못한 베르테르는 주변에 섞이지 못하고 사람들도 그를 받아들이려고 하지 않았다. 그럴수록 그는 자신이 단지 나그네에 불과하고, 주변 사람들이 자신에게 의미 있는 존재가 될 수 없다고 생각했다. 결국 고통을 피해 다른 곳으로 도피했지만, 그의 고통은 모습을 달리해서 어느 곳에 가

책으로 치유하는 시간

든 존재한다. 그럴수록 그는 한순간도 로테를 생각하지 않는 날이 없다.

그는 공허감에 지쳐가며 단 한 번만이라도 그녀를 온전히 소유할 수 있으면 그 공허함이 채워질 것이라고 생각한다. 베르테르의 사랑이 집착으로 이어지고 있는 이유는 그의 포기하지 못하는 성격 때문이다. 게다가 그는 자신의 인생에 다른 중요한 것이 나타날 것이라는 생각을 하기엔 너무 젊었다. 젊은 시절엔 인생이 긴 여정임을 인식하지 못한다. 그래서 무모한 생각과 행동을 하게 된다.

베르테르는 로테가 알베르트보다 자신과 함께 있는 편이 더 행복할 거라는 결론을 내리고 다시 로테에게 돌아간다. 하지만 로테를 다시 만났을 때 그녀의 손가락에 끼워져 있던 결혼반지를 보고 참을 수 없는 고통을 느낀다. 그는 로테에게는 알베르트가 있음을 이미 알고 있었고 두 사람의 결혼은 기정사실이었기에 그의 고통은 스스로에게 가하는 형벌과도 같다.

만약 베르테르가 정말로 로테를 차지하고 싶었다면 현실에서 도피하기보다 자기감정에 충실하게 사랑을 쟁취하려는 노력을 했어야 했다. 그가 타지로 떠나버린 것은 괴로운 현실을 외면하고 싶은 욕구와 자신의 결핍을 인정하고 싶지 않은 마음에서 비롯되었다. 그러나 마음속에 허상을 만들어 그것에 도피하는 것은 결국 더 큰 공허감과 감정적 갈증을 불러올 뿐이다.

우리는 자신의 결핍을 남들에게 내보이고 싶어 하지 않는다. 있는 것처럼 꾸미고 없는 것에 대해 민감하게 반응하며 자신을 보호하려 든다. 하지만 이런 자기 위안은 근본적인 해결책이 되지 못한다. 마치 깊은 상처에 일회용 밴드를 붙인 것처럼 그것을 떼어내면 치유되지 못한 상처가 다시 드러날 뿐이다.

현실을 마주해 받아들이지 않던 베르테르는 점점 변해 간다. 불만과 불안은 그의 마음속에 깊이 뿌리 내려 그의 전체를 사로잡는다. 그는 지독한 권태감에 빠진다. 권태로움에서 벗어나려고 바둥거리지만 마음속 불안감은 그의 내면을 좀먹어 그는 항상 슬픈 얼굴을 하고 점점 고집불통이 되어 간다.

알베르트는 여전히 좋은 사람, 좋은 남편이었지만 베르테르는 자신이 끊임없는 불만 속에 살고 있으므로 다른 사람들도 그런 감정 속에 있다고 착각한다. 그래서 자신이 알베르트와 로테의 원만한 사이를 나쁘게 만들었다는 자책감을 갖는다. 실제로 그 부부는 사이가 나쁘지 않음에도 베르테르는 알베르트에 대한 반감으로 뒤틀린 생각을 갖게 된 것이다.

그러던 중, 한 과부의 집에 새로 온 머슴이 살해되는 사건이 일어난다. 범인은 앞서 있던 머슴으로 과부를 좋아하다가 쫓겨나자 앙심을 품고 새로 온 머슴을 살해한 것이다. 왜 그런 짓을 저질렀는지 베르테르가 묻자 범인은 아무도 그 여자를 차지하지 못하게 하려고 그랬다고 침착하게 말한다. 살인의 동기에 대해 범인은 이렇게 말했을 뿐임에도 베르테르는 당시 로테와 알베르트로 인해 크게 갈등하고 괴로워하고 있던 차여서 그의 마음을 진심으로 이해하게 된다. 그래서 범인의 행동에 정당함을 부여하며 자신이 변호를 맡아 그를 무죄로 만들 수 있다고 확신한다. 하지만 베르테르는 재판에서 패배하고 만다.

베르테르는 범인을 구해내지 못한 것에 절망하고 거기에 실연의 아픔까지 합쳐져 더욱 괴로워한다. 머슴을 단지 살인범이라는 시각에서 본다면 살인은 도덕적이지 못한 범죄라고 볼 수 있지만 사랑에 목매는 인간의 감정적인 측면에서 본다면 베르테르의 연민을 이해할 수 있다. 그는 자신이 믿는 순수한 사랑의 열정을 그대로 다른 사람에게 투영하고 있기 때문이다.

그에게 사랑은 계산하거나 조절할 수 있는 감정이 아니라 맹목적이고 순수한 것이기에 사랑에 몸을 던질 수 있었다. 하지만 맹목적인 감정만으로 이루어질 수 있는 사랑은 현실에 거의 존재하지 않는다.

결국 베르테르는 일도, 사랑도 성공시키지 못하는 자신의 무능함에 좌절한다. 그의 슬픔은 너무 깊어져서 이제 더 이상 도피할 곳이 없다.

모두 함께 공존할 수 없음을 깨달은 베르테르는 죽음을 결심한다. 알베르트를 죽이거나 로테를 죽이거나 자신이 죽어야 자신의 고통과 절망이 끝나므로 자신을 죽이기로 결정한다. 그는 계산적이지 못한 사람이어서 자신이 누려야 할 인생의 가치와 죽음을 놓고 저울질하거나 부부를 갈라놓는 일은 절대 하지 못하므로 그가 할 수 있는 최선을 선택한 것이다.

우리는 로테의 행동을 보며 베르테르의 슬픔을 온전히 느낄 수 있다. 로테는 베르테르를 진정으로 사랑하지 않았다. 그저 호감이 가고 함께 있으면 유익한 남자로 생각했다.

그녀에게 베르테르는 친구로 괜찮은 사람이다. 로테는 베르테르에게 결혼한 자신과 조금은 거리를 두어달라고 말한 뒤 그를 다시 볼 수 없는 아쉬움을 느낀다. 또한 그와의 만남에서 서로 생각이 일치했던 순간 느꼈던 충만함을 떠올린다.

그녀는 베르테르가 남편이나 연인이 아닌 오랫동안 볼 수 있는 사람이기를 원한다. 만약 자신의 형제로 바꿀 수 있다면 행복할 거라고 생각하고, 그를 친구와 맺어주면 오래도록 가까이서 볼 수 있을 거라고 생각한다. 그래서 자신의 친구들을 하나씩 떠올려본다. 베르테르에 비하면 로테는 매우 현실적이고 이성적이며 영악하기까지 하다.

우리는 감정적이고 비현실적인 베르테르를 통해 우리 자신을 돌아볼 수 있다. 살다보면 누구나 감정에 매몰되어 자기연민에 빠지고, 이성으로 제어할 수 없는 사랑의 감정에 갇혀 버릴 때도 있다. 사랑이라는 시소게임에서 패자임을 분명히 알면서도 벗어나지 못하고 연연하는 감정을 누구나 한 번쯤은 느껴보았을 것이다.

만약 베르테르가 알베르트의 존재를 처음부터 인정했더라면, 여행을 떠났을 때 그곳에서 다른 여자를 만나 돌아오지 않았더라면, 머슴을 변호하고 나서 실패했지만 더 크게 바라보고 소외된 사람들의 권익을 위해 뛰겠다는 결심을 했더라면, 로테가 자신을 밀어냈을 때 그녀에게 복수하기 위해 더 잘 살겠다고 오기를 품었더라면 어땠을까? 아마도 소중한 자신의 삶을 포기하지 않았을 것이다.

우리는 누구나 삶에서 결핍을 겪게 된다. 그러나 그것 때문에 멈추고 포기해버린다면 삶은 늘 힘겹고 우울할 수밖에 없다. 그래서 자신 때문에 죽어버린 베르테르를 그저 우정의 정도로만 좋아했던 로테를 욕할 수 없다. 그녀는 젊지만 감정이나 이상만 따르지 않고 현실에 충실했다. 사랑과 그보다는 작은 사랑을 구별했고, 자신의 행복을 위해 그것을 지켰으니 말이다. 그래서 그녀에게는 상처가 그다지 보이지 않는다.

때로는 로테처럼 자신을 위해 어느 정도는 이기적이고 현실적일 필요가 있다.

사	랑	이		소	유	하	는		거	라	고
			생	각	하	는		어	리	석	음

《추락하는 것은 날개가 있다》

베르테르가 순수한 감정으로 사랑에 청춘을 불살랐다면, 상대를 소유하는 것에 광적으로 집착해 추락하는 한 남자가 있다. 이문열의 소설《추락하는 것은 날개가 있다》의 임형빈이다.

1960년대 말, 임형빈은 대학 진학을 위해 고향을 떠난다. 그는 시골 출신으로 서울대 법대에 합격해 고향사람들의 기대를 한 몸에 받는다. 고향 마을에서는 그의 합격을 축하하며 현수막을 걸고 잔치를 벌인다.

형빈의 아버지는 면 소재지의 초등학교 교사로 어머니의 피나는 절약에도 형빈의 집은 살림이 넉넉하지 못하다. 그래서 5남매 모두를 대학에 보낼 형편은 되지 못한다.

개천에서 용 난 격인 형빈은 성공해서 집안 식구들을 책임져야

책으로 치유하는 시간

할 의무감으로 어깨가 상당히 무겁다. 그는 부모의 기대에 어긋남 없이 서울에 와서 재학 중 사시 합격을 목표로 매진한다. 그런데 한 여자를 만나고 나서부터 그의 인생은 송두리째 흔들리기 시작한다.

서윤주는 형빈과 같은 학교 영문과 학생이다. 그녀는 6.25 전쟁으로 부모를 잃고 언니가 미군들에게서 버는 돈으로 생활비와 학비를 해결했다. 그러던 중 언니는 흑인과 미국으로 떠나고 윤주는 혼자 남아서 몸을 매개로 학비와 생활비를 충당한다.

모범적이고 엘리트로 성장한 형빈과 기형적인 환경에서 성장한 윤주는 애초에 어우러질 수 있는 사람들이 아니었다.

윤주를 만날 즈음 형빈은 학기 중 사법고시 합격을 목표로 공부에만 정진하고 있었는데 어느 날 고향 친구에게 출세에 눈이 멀었다는 말을 듣고 자신의 삶에 약간의 회의감을 느끼고 있었다. 그 와중에 한가로운 캠퍼스 벤치에 앉아 있던 형빈은 우연히 윤주를 보게 되고 그녀에게서 느껴지는 쓸쓸함과 고혹적인 아름다움에 매료된다.

성실하고 성공을 향한 목표가 뚜렷했던 형빈은 서윤주를 만나고 나서 마치 처음부터 그녀를 만나기 위해 살아온 것처럼 그녀에게 전부를 건다. 그에게 더 이상 오매불망 자신을 바라보는 부모님의 기대나 자신이 세웠던 미래의 계획 따위는 윤주보다 중요하지 않다.

둘은 사랑을 약속하고 윤주를 한시도 떼어놓고 싶지 않은 형빈은 그녀에게 동거를 제의하고 둘은 동거를 시작한다. 그러나 윤주는 일상적인 삶 속에서 사랑을 키워가기에 적당한 여자가 아니었다. 그녀는 성장 과정에서 버림받은 아픔, 자신의 나이와 어울리지 않는 경험들, 한국에 대한 경멸감으로 내면이 불안정하여 쉽게 허물어지고 자신을 내던지는 퇴폐적인 속성을 가진 여자였다.

겉도는 윤주에게 때로는 화를 내고 때로는 애원해도 자신이 완전히 소유할 수 없자 형빈의 삶은 엉망이 되고 만다. 그리고 마침내 윤주가 미국으로 떠나버리며 그의 불같은 사랑은 끝이 난다.

형빈의 행동을 들여다보면 그가 진정 윤주를 사랑한 것인지 아니면 그녀를 온전히 소유하려고 집착한 것인지 알 수가 없다. 그는 자신 안에 스스로 결핍을 만들어냈다. 그는 그 결핍을 채우려고 잡히지 않는 허상을 막무가내로 쫓으며 몇 년간 안갯속을 헤맨 것이나 마찬가지다.

윤주가 떠나고 몇 년 동안 형빈은 지독한 후유증을 겪는다. 그리고 다시 정신을 차려 학교를 다니고 졸업 후 회사에 취직한다. 사랑하지는 않지만 그럭저럭 무난한 여자와 결혼을 하고, 무의미한 결혼생활을 이어가며 회사 일에 열정을 쏟는다. 그러나 미국에서 주재원으로 근무하던 중 우연히 윤주와 재회한다. 그는 또다시 오래전 처음 윤주와 사랑을 시작했을 때의 상태로 되돌아간다. 회삿돈을 횡령하고 한국의 부모와 연락을 끊은 채 10년 전 사랑에 매몰되었을 때의 상태를 데자뷰처럼 되풀이한다.

형빈과 윤주는 격렬하게 사랑하고 미친듯이 증오하다가 다시 사랑하기를 반복한다. 그런 사랑에 지쳐 윤주는 다시 떠나고, 형빈은

책으로 치유하는 시간

그녀를 오스트리아까지 쫓아가서 권총으로 쏘아 죽인다.

자신은 사랑할 수 있는 단 하나의 심장만을 가졌다고 말하는 형빈에게서 한 여자를 향한 연정보다는 위험하고 무모한 열정만 보인다. 젊은 시절 누구나 한 번쯤은 경험하는 실연이 당장은 힘들어도 길게 보면 성장을 향한 값진 통과의례일 수 있다. 그러나 형빈은 그런 기회를 갖지 못했다. 사랑의 가장 큰 적은 바로 '집착'이다. 열정과 집착을 제대로 구분하기 위해서는 실연의 아픔이라는 통과의례를 거치면서 사랑을 배우는 과정이 필요하다.

함께 추락하지 않으려고 여러 번의 기회를 주었다고 고백하는 윤주는 삶의 풍파를 겪으며 사랑에 뜨거움만 존재하면 그 열기로 추락할 수 있음을 알고 있다. 그녀는 삶과 사랑에서 형빈보다는 성숙한 사람이다.

우리 삶을 돌아보면 열정적인 사랑을 할 수 있는 시기가 있다. 나이가 들면 조금은 안정적인 사랑을 하게 된다. 열정적 사랑과 안정적 사랑을 구별하는 기준은 실연했을 때 그 상처를 어떻게 다스리는지에 있다. 비단 사랑뿐만이 아니라 무엇이든 나 자신을 송두리째 던지면 결국 상처가 따라오게 된다. 그래서 마치 보험을 들 듯 나를 어느 정도 남겨둬야 실패 후에 다시 나를 찾고 다음으로 나아갈 수 있다.

이는 사랑에 계산을 하는 것과는 다르다. 계산적인 사랑은 가시적인 득과 실을 따져서 사랑하는 것이지만 나를 남겨두는 사랑은 나를 돌보는 사랑을 말한다. 나를 사랑하는 사람만이 진정으로 남도 사랑할 수 있는 법이다. 그래서 사랑에 빠지더라도 자신의 고독을 품을 수 있어야 한다.

사랑은 열정적인 뜨거움과 차가운 고독을 동시에 갖고 있는 감정이다. 이유는 사랑하면서 갖게 되는 기대감 때문이다. 사랑을 하면 세상이 온통 장밋빛으로 보이고 충만한 감정 속에서 행복만 가득해야 하는데 실제로는 그렇지 못하다. 사랑은 상대적인 속성이 있어서 내 의지대로 제어되지 않기 때문이다. 그래서 사랑을 하고 있음에도 한편으로 충족되지 않는 감정들로 인해 고독하다.

형빈처럼 감정은 물론 자신의 모든 것을 쏟아부어 정작 자신은 빈껍데기만 남는 사랑은 눈먼 사랑일 뿐이다. 만약 상대가 그것에 대해 호응해주지 않으면 상실감과 배신감으로 더 집착하게 되고, 혹시라도 그 사랑을 잃게 되면 상처는 너무 깊어서 치유하는 데 아주 오랜 시간이 걸리거나 평생의 트라우마가 될 수도 있다.

사랑은 청춘의 성장통이다. 실연이나 이루어지는 사랑 모두 사랑하는 동안 겪어야 할 고통이 있다. 그것을 넘어서야 성숙한 사랑을 할 수 있다.

책으로 치유하는 시간

성 장 통 의 원 형

《호밀밭의 파수꾼》

제롬 데이비드 샐린저의 소설《호밀밭의 파수꾼》에는 우리 누구나 겪었을 성장통을 겪는 한 청소년이 등장한다. 그러나 이 성장통은 비단 청소년기뿐만 아니라 평생 겪게 되는 과정이다. 어른이 된 지금도 이유 없이 가슴이 답답하고 허공에 대고 소리를 지르고 싶은 욕구가 솟구친다면 아직도 홀든처럼 성장통을 앓고 있거나 상처투성이의 삶에서 도망치고 싶어서일 것이다.

홀든은 16세로 명문 펜시 고등학교에 다니고 있다. 홀든의 아버지는 큰 기업의 고문 변호사로 성공한 부류에 속한다. 어머니는 예민하지만 전형적인 어머니 스타일이고 형인 D.B는 작가로 이름을 조금씩 알리고 있다. 아홉 살 여동생 푀비는 홀든이 가장 사랑하는 대상이다. 그에게는 더 사랑했던 두 살 아래의 동생 앨리가 있었는데 백혈병으로 죽었다. 앨리가 좋아하던 야구 글러브를 홀든은 아직도 가지고 있다.

펜시는 홀든의 네 번째 학교다. 앞의 세 학교에서 퇴학당했는데 학점 미달이거나 학업에 열의가 없다는 이유에서였다. 그는 펜시에서도 작문을 빼고 네 과목에 낙제했으며 현재 퇴학 통보를 받은 상태다. 수요일에 방학을 하고 집으로 돌아가면 이제 다른 학교를 다녀야 한다.

홀든은 펜시를 좋아하지 않는다. 1888년 이후 본교는 뛰어나고 명석한 청년들을 계속 양성해 왔다는 광고 문구부터 마음에 들지 않는다. 펜시가 가르치는 것은 다른 학교와 다를 바 없고 명석한 학생은 한두 명 정도에 불과한데 그들은 펜시에 오기 전부터 명석했던 것이지 펜시 때문에 명석해진 것이 아니라고 생각하기 때문이다. 홀든은 펜시에서 마음에 드는 친구를 사귀지 못했다.

토요일 밤 대부분 주말을 보내러 집에 갔거나 외출을 했고 나머지는 모두 잠든 적막한 기숙사에서 홀든은 지독한 외로움을 느낀다. 그래서 수요일까지 기다리지 않고 지금 학교를 떠나기로 결정한다. 홀든은 결정과 행동이 빠른 편이다. 즉흥적이지만 후회도 빠르기 때문에 정서가 불안정하다. 그는 떠나려고 짐을 꾸리다가 며칠 전 어머니가 보내준 새 스케이트 때문에 마음이 잠시 우울해지지만 미련 없이 학교를 나온다.

홀든은 월요일까지 밖에서 돌아다니다가 결국은 집으로 돌아간다. 그는 호텔에 묵는 동안 어른인 척하며 술도 주문해서 마시고,

책으로 치유하는 시간

창녀를 방으로 부르기도 한다. 이런 행동들은 일탈처럼 보이지만 홀든은 이것에 빠져들지는 않는다. 그는 단지 할 일이 없었고 할 수 있는 것들이 이런 것들뿐이어서 했을 뿐이다.

그 와중에도 홀든은 계속 누군가에게 연락을 한다. 좋아하지는 않지만 몇 년 간 알고 지낸 샐리에게 전화를 해서 잠깐 데이트를 하고, 옆집에 살던 제인에게 계속 전화를 한다. 그리고 후튼 학교를 같이 다니던 세 살 위의 칼루스를 만나 술을 마시지만 적당히 거리를 두는 칼루스에게 진심을 전하지 못하고 서로 다른 이야기만 하다가 헤어진다.

기성세대인 어른들은 홀든에게 하고 싶은 것이 무엇인지를 묻고 홀든은 정확히 대답하지 않는다. 그러나 그가 되고 싶은 건 호밀밭의 파수꾼이다. 호밀밭에서 놀고 있는 아이들이 낭떠러지로 떨어지지 않도록 지키는 파수꾼이 되고 싶어 한다. 이것은 철학적인 사고라기보다는 단순하고 성취감이 있는 소망으로 보인다. 홀든은 복잡하게 생각하는 것을 싫어한다. 그는 사람들의 계획은 겉으로는 그럴듯해 보이지만 결국은 모두 어느 정도의 허영심과 허세로 체면을 지키며 살게 된다고 생각하기 때문에 계획을 세우는 것을 원하지 않는다.

홀든의 방황은 월요일에 끝난다. 그는 여동생 퓌비를 만나서 집으로 돌아간다. 외로움을 견디기 힘들어 여기저기 전화를 하는 홀든은 그저 잠깐의 방황이 필요한 소년일 뿐이다.

홀든의 반항심과 일탈의 충동은 특별하기보다 그 나이에 맞는 자연스러운 현상이다. 오히려 그가 특별한 것은 자신의 상처를 받아들이는 자세다.

홀든은 성장의 상처를 전부 껴안는다. 그는 동생 앨리가 죽던 날 주차장의 창문을 다 깨버리고 그때의 후유증으로 비가 오면 주먹이 아프지만 상실감을 내면에 가두지 않았다. 그리고 이제까지 알고 있던 사람들에게 반감보다는 그리움을 갖고 있는 것을 보면 고독 속에 침잠하지 않기에 희망적이다.

모든 사람에게는 열여섯 살 시절이 있었다. 그때부터 지금까지 꽤 오랜 시간이 흘렀지만 나는 더 어른이 되어 있을까? 내 사고는 이제 확실하고 단단해져 나는 더 이상 흔들리지 않고 살고 있는가?

홀든의 논리적이지 않은 행동들과 그를 이해하지 못하는 주변의 시선은 우리가 맞닥뜨리는 현실과 닮아 있다. 어른이 된 지금도 사회의 편견과 견고한 사회의 장벽에 상처받고 있을 것이다. 그것들을 견디며 남은 삶의 여정을 걸어가야 하는 것도 성장통이라고 할 수 있다.

누구나 성장하면서 겪는 성장의 상처는 아프고 견디기 힘들다. 젊은 시절에는 타협하고 순응하는 스스로를 용납하고 싶지 않기에 더욱 그렇다. 하지만 어쩔 수 없는 경우가 있다. 홀든이 다시 집으로 돌아간 것이나 새 학기에 다른 학교를 다니게 되는 것처럼 흘러가는 시간 속에서 기존의 상처들을 그대로 껴안고 다음 시간을 맞이하는 것은 다른 방법이 없기 때문이다.

어느 나이대에 속해 있든 다른 방법이 없을 때가 있다. 그럴 때는

책으로 치유하는 시간

흘러가는 삶의 방향에 순응하는 것도 방법이다. 아무리 출근이 하기 싫어도 제때 일어나 준비를 하고 집을 나서 일터로 가야 하는 일상처럼 말이다. 또 사랑을 시작하면 곧 찾아올 상대적 외로움을 알면서도 사랑에 다시 뛰어드는 것처럼 말이다.

하지만 임형빈처럼 사랑할 단 하나의 심장만을 갖고 있어서는 안 된다. 실연의 고통까지 담을 수 있는 더 큰 심장을 가져야 한다.

젊은 시절엔 사랑도 성공도 당장 이루지 않으면 안 될 것처럼 초조하고 조바심이 난다. 그래서 청춘의 결핍은 깊고 예민하게 다가온다. 만약 그 이후의 삶이 더 길다는 사실을 알았더라면 그렇게 급하지는 않았을 텐데 그 사실을 한참 후에나 알게 된다. 그래서 좀 더 긴 시각으로 삶을 바라볼 필요가 있다. 지나고 나면 나를 아프게 한 결핍이 소중한 디딤돌이었음을 알게 되는 날이 온다.

CHAPTER 2

상처는 결핍의 그림자

상처는 결핍으로 인한 부가적인 결과 중 하나다. 우리는 사람, 명예, 돈, 자유, 그 밖에 갖지 못한 것과 경험하지 못한 것들에 대해 결핍을 느낀다. 가진 것보다 없는 것에 더 민감해져서 그것을 대신할 무언가에 집착한다.

역사적으로 유명한 인물 중에도 결핍에 시달렸던 사람이 많다. 그 결핍의 그림자는 그들을 평생 따라다녔다.

베토벤은 어머니가 일찍 죽고 아버지는 술주정뱅이에 교양과 인격이라고는 찾아볼 수 없는 사람이어서 부모의 사랑을 받지 못하고 자랐다. 베토벤의 애정 결핍은 그의 전 생애에 영향을 끼쳤다. 친절하지 않았고 사람들과 교감이 없었으며 늘 음울했다. 천재음악가로 위대한 작품들을 남겼지만 그는 삶이 선사하는 소소한 기쁨을 누리지 못했다.

영국인들이 가장 존경하는 정치가 윈스턴 처칠은 좋은 환경에서 태어났지만 학습장애가 있었다. 성적은 꼴찌였고 말까지 더듬었다. 3년이나 유급을 해서 대부분의 명문가 자제들이 들어가는 옥스퍼드나 케임브리지 대학에 가지 못하고 샌드허스트 사관학교를 다녔다. 뚱뚱하고 단신이었으며 허리는 구부정해서 귀족의 풍모와는 거리가 멀었다. 그는 수상으로 재임하는 동안 하루에 16시간이 넘게 과도할 정도로 일했다. 다 가졌음에도 결핍이 있던 처칠은 신경질적이고 괴팍하며 일에 집착했다. 그는 원만함과는 거리가 먼 사람이었다.

선구적 페미니스트였던 버지니아 울프는 천성적으로 밝은 성격

책으로 치유하는 시간

을 갖지 못했고, 카미유 클로델은 성적 차별로 로댕이라는 거대한 장벽에 가려 빛을 발하지 못했다.

우리도 누구나 결핍의 그늘이 있다. 나의 결핍은 나만이 알고 있는 나의 그림자다. 언제든 짙게 그늘을 드리우고 강한 힘으로 인정사정없이 끌어당긴다.

날카로운 사람, 화를 잘 내는 사람, 자존심이 너무 센 사람, 자신을 포장하는 사람, 무리에 섞이지 못하는 사람들은 대부분 무언가 결핍이 있기 때문이다. 그 결핍을 매 순간 의식하기 때문에 행동으로 드러난다.

상처를 받았을 당시 나의 환경을 생각해보라. 무언가 풍요롭지 못했을 것이다.

나의 결핍은 슬픈 나의 현실이다. 그로 인해 받은 상처는 내 몫이다. 결핍은 가지고 있지 않은 것, 잃은 것, 가질 수 없는 것들을 모두 포함한다. 내게 부족한 것이 무엇인가를 분명히 인식하면 상처의 모습을 구체적으로 볼 수 있다.

열	등	감	은		남	과

나	눌	수		없	는

	내		그	림	자

《서울, 1964년 겨울》

김승옥의 소설《서울, 1964년 겨울》에 등장하는 세 인물은 각자 지독한 열등감으로 상처를 안고 있다.

1964년 겨울 어느 날, 세 명의 남자가 만난다. 이야기를 끌어가는 '나'는 현재 구청에서 근무하고 있다. 육사에 가고 싶었지만 불합격하고 구청직원이 되었다. '안'이라는 사람은 부잣집 아들로 대학원생이다. 그리고 또 한 사람인 '그'는 30대 중반의 월부 외판원으로 오늘 아침 아내가 병원에서 죽었다. 그는 아내의 장례를 치를 돈이 없어서 시신을 병원에 해부용으로 기증하고 4000원(64년도 화폐가치)을 받았다. 그는 그 서러운 돈을 오늘 하루에 다 써버리려고 한다.

이들은 그날 밤, 선술집에서 만난다. 그들이 만난 선술집은 얼어

책으로 치유하는 시간

붙은 거리 한옆에 자리한 포장마차다. 차가운 바람에 펄럭거리는 포장을 들추고 들어가면 오뎅과 군참새와 세 가지 종류의 술을 팔고 있다.

추운 겨울밤에 특별한 목적 없이 거리를 헤매는 사람은 없다. 빨리 따뜻한 집으로 들어가고 싶기 때문이다. 그러나 난방이 되지 않는 길거리의 허름한 선술집을 찾는 이 세 사람은 각자의 사정으로 집에 들어가지 못하고 있다.

주인공 나는 25세밖에 되지 않았지만 이미 실패를 경험하고 구청에서의 근무가 자아를 만족시켜주지 못한다. 현실에서의 좌절감은 나를 추운 도시의 어둠 속으로 몰아냈다. 나는 젊지만 한 번의 실패로 미래에 대한 희망을 새롭게 가질 엄두를 내지 못하고 있다. 그렇게 흘려보내고 있는 젊음은 암담하고 우울하다.

대학원생 안은 단지 예쁜 여자를 보거나 화려한 네온사인을 보려고 거리를 헤맨다. 그의 삶은 별로 고단해 보이지 않고 그저 감상주의에 빠진 치기 어린 행동쯤으로 비친다. 이런 사람은 절박한 사람들에게는 상실감을 느끼게 할 수도 있다. 그러나 안 자신은 삶이 전혀 즐겁지 않아서 추운 겨울 거리를 헤맨다.

이제 또 한 사람, 그는 절망의 최고 수위에 달해 있다. 그에게 나와 안은 그저 얻어걸린 대상이다. 그에게는 지금 누구든 상관없이 4000원을 함께 쓸 동지가 필요하다. 나와 안은 그의 처지를 동정하지만 자신의 고뇌가 더 크게 느껴지고, 시신의 대가인 4000원을 쓰는 것이 왠지 부담스럽다. 하지만 집에 들어가고 싶지 않아서 그와 어울려 함께 밤을 보내기로 한다.

그들이 여관에 들어갔을 때 안은 각방을 쓰자고 우긴다. 나는 그가 걱정되었지만 결국 셋은 각방을 쓰게 된다. 아침에 일어났을 때 그는 자신이 묵었던 방에서 죽어 있었다. 그의 주검 앞에서 그를 살릴 수 있는 유일한 방법은 그를 혼자 두는 것이라고 생각했다는 안의 말은 왠지 씁쓸하다. 나와 안이 그의 자살을 예견하면서도 각방을 쓴 것은 자신의 괴로움 때문에 혼자 있고 싶어서였다. 그들이 몰려다닌 이유는 같이 다니면 좀 나아질까 하는 기대감 때문이었지만 혼자 있을 기회가 생기자 나와 안은 주저하지 않고 자신만의 방으로 들어가버렸다.

그들은 모여서 서로를 위로한 것이 아니라 자신의 결핍을 더욱 끌어안고 몰려다녔던 것이다. 그리고 동행자의 결핍과 상처를 보면서 다시 내 상처를 확인했다.

그의 죽음을 뒤로 하고 두 사람은 여관을 나와 헤어진다. 헤어지기 전 그들은 자신들이 아직 스물다섯이지만 이미 늙어버렸다는 대화를 나눈다.

이들은 자신과 다른 이의 결핍의 크기를 알고 있지만 단지 그것뿐이다. 그 크기와 상관없이 자신에게는 내 것이 더 아프기 때문이다.

이는 우리도 다르지 않다. 매스컴이나 SNS에서 화려하고 풍족함을 자랑하는 사람들을 보면 왜 나는 저렇게 살지 못하는지 한편으로는 부러움을, 또 한편으로는 질투심을 느낀다. 다른 이들의 풍족

책으로 치유하는 시간

함을 볼 때 그것이 가슴에 파고드는 이유는 나의 결핍이 비교되어 보이기 때문이다. 또 어렵고 힘든 사람들을 보며 한편으로는 측은함을 느끼지만 한편으로는 그들보다는 내 형편이 괜찮음에 안도감을 느낀다.

자신의 결핍은 남과 공유할 수 없다. 공유할수록 결핍에서 오는 상처를 더 확실히 목격할 뿐이다.

학력 과잉이 불러온 결핍의 삶

《레디메이드 인생》

채만식의 소설 《레디메이드 인생》에는 배웠지만 사회의 구조적인 문제로 결핍을 겪을 수밖에 없는 인물이 등장한다. P는 빈농 출신으로 대학을 졸업한 지식인이다. 1930년대는 교육열풍이 불면서 고학력 청년이 넘쳐났지만 일자리가 없어 룸펜이 많았다. P도 바로 그중의 한 사람이다. 그는 일찍 결혼해 아홉 살 된 아들이 있고, 아내와는 이혼한 상태다.

  P는 현재 수입이 없어서 아들을 형에게 맡겨놓았다. 그의 학벌로 취직할 만한 곳에는 자리가 없고, 많이 배웠기 때문에 아무 일이나 할 수가 없다. 많이 배웠다는 것은 좋은 일이지만 배운 만큼 써먹지 못하면 자괴감이 크다. 게다가 가난한 상태에서 부양해야 할 가족이 있으면 배운 것에 대해 오히려 죄의식이 느껴진다. 차라리 배우

지 않았더라면 막노동이라도 해서 입에 풀칠이라도 하겠지만, 배웠기에 자존심이 그걸 허락하지 않는다.

그는 직장을 구하기 위해 안면이 있는 신문사 사장 K를 찾아간다. K는 취직 이야기는 뒷전이고 시골에 내려가 농사를 짓는 것이 뜻있는 일이라고 그에게 한바탕 설교를 늘어놓는다. K와 같은 인물은 우리 주위에서도 볼 수 있다. 감기에 걸렸지만 약을 사 먹을 돈이 없는데 약은 사주지 않고 감기에 걸리지 않으려면 어떻게 했어야 한다고 충고만 늘어놓는 부류의 사람들이다.

그런데 P는 혹시라도 K에게서 얻을 것이 있을지도 몰라 그의 설교를 열심히 듣는다. 결국 P는 아무런 소득도 없이 거만한 자의 불필요한 충고만 잔뜩 듣고 신문사를 나온다. 그는 월세가 밀려 있는 집에 들어가자 아들을 데려가라는 형의 독촉 편지를 보고 마음이 불편해진다. 그때 처지가 비슷한 친구 M과 H가 찾아온다.

P가 친구 M과 H와 어울리는 장면은 그 시대 룸펜들의 일상이다. 세 사람은 쓸모도 없는 학위를 취득한 레디메이드 인생들로 이미 다 만들어놓았음에도 수요가 부족해 팔리지 못하고 있다. 이들은 지식인들을 무능하게 만드는 사회를 원망한다.

셋은 H의 책을 전당포에 잡히고 그 돈으로 술집을 전전하다가 한 곳에서 어린 나이의 접대부가 하룻밤 대가로 20전이라도 달라고 하자 싼값에 분노한다. P는 가진 돈을 전부 던져놓고 술집을 나오지만 집에 돌아와 돈이 없어 내일 굶어야 할 현실 앞에서 후회한다.

돈 때문에 아웅다웅하는 세상인 것은 알고 있지만 어린 접대부의 악착스러움 앞에서 객기를 주체하지 못한 것이 원망스럽고 그냥 20전만 줄걸 그랬다는 후회가 밀려온다. 이것은 고집 세고 치밀하지 못해 성공과는 거리가 먼 P의 일면을 보여주는 것이면서 자신이 살고 있는 세상의 불합리에 분노하는 사회적 정의를 가지고 있는 모습이기도 하다. 그래서 P는 더 불행할 수밖에 없다.

P는 결국 아들을 평소 친분이 있는 인쇄소에 부탁해 견습공으로 일하게 한다. 그가 아들을 학교에 보내지 않고 공장에 보내는 이유는 자신의 경험을 통해 쓸모없는 지식인으로 만들고 싶지 않기 때문이다. 나중에 학위가 필요한 시절이 올 수도 있다는 생각까지 할 겨를이 없는 그의 모습에서 P의 결핍이 현실을 철저히 지배하고 있음을 엿볼 수 있다. 더 이상 물러설 곳도 없고 뒤돌아보면 후회뿐이기에 그의 시야는 터널비전(Tunnel vision- 터널 안에서 밖을 내다보면 뚫린 구멍만큼만 보이는 것으로 자기 위주로 시야가 매우 좁은 상태)일 수밖에 없다.

《레디메이드 인생》은 1930년대의 이야기지만, 학력과잉이 된 지금의 현실과도 상당히 유사하다. 결핍은 피해 심리 속에서 부정적 사고를 하게 하는 특징이 있다. 그러나 가진 것이 없어도 긍정적이고 바람직한 마인드로 결핍을 극복하는 사람도 있다.

영화 〈행복을 찾아서〉의 주인공 크리스 가드너가 그러한 인물이다. 이 영화는 실화를 바탕으로 만들어진 성공스토리다.

크리스 가드너는 의료기기 외판원이다. 전 재산을 투자해 의료기기를 구입했지만 팔리지 않아 무일푼의 신세다. 회사에서는 구매한

의료기기를 보상해주지 않아서 빚은 늘어가고 결국 집도 날리고 부인도 떠나버렸다. 어린 아들을 데리고 짐보따리를 든 채 노숙자 쉼터를 전전하지만 그마저 순위에서 밀리면 갈 곳이 없다. 지하철을 타고 하루 종일 돌아다니다가 역사 화장실에서 잠을 자기도 한다.

비록 밑바닥의 삶이지만 그에게는 꿈이 있다. 주식 중개인이 되는 것이다. 그는 꿈을 이루기 위해 무보수 인턴과정으로 주식중개회사에 들어가 잠을 줄이며 필사적으로 공부한다. 결국 그는 인턴을 마치고 시험에 통과해 그곳의 정직원이 된다. 그리고 더 시간이 흘러 마침내 아들의 이름을 딴 크리스토퍼 가드너 인터내셔널 홀딩스라는 글로벌 투자회사를 창립한다.

가드너는 희망이라고는 털끝만큼도 보이지 않는 시기에도 주변의 모든 것에 애정을 갖고 있었다. 사람들을 미워하지 않고 현재의 어려움에 대해 분노하지 않았다. 오직 목표를 향해 나아가며 아들의 안전과 행복만을 생각했다.

그는 비록 결핍투성이였지만 그것이 그의 삶을 좀먹거나 가로막지 못했다. 그 스스로 자신을 연민하거나 비하하지 않음으로써 부정적인 사고의 싹조차 마음속에 움트지 못하도록 했기 때문이다.

성공의 끝에서 공허함을
느낀다면 많은 것을
잃었기 때문이다

《대지》

고대하던 목표를 이루었음에도 결국에는 아무것도 가진 것이 없는 사람들도 있다.

펄 벅의 소설 《대지》는 고생 끝에 넓은 대지를 소유해 부자가 된 왕룽과 그의 아내 오란의 이야기다. 그들은 큰 재산을 갖게 되었지만 결국에는 가진 게 없었다. 삶에서 진정 중요한 것을 누리지 못하며 살았기 때문이다. 그러나 그들의 모습은 목표만을 바라보며 옆이나 뒤를 돌아보지 않고 달려가는 우리의 모습이기도 하다. 그렇게 이룬 목표는 상처뿐인 영광이다.

왕룽은 늙은 아버지와 사는 가난한 농부다. 아무리 열심히 농사를 지어도 먹고살기 힘든 현실에 분노를 느낀다. 결혼을 해야 하지만 가난한 그에게 시집오려는 여자가 없다. 그래서 선택의 여지도

책으로 치유하는 시간

없이 황부잣집의 여종 오란을 신부로 맞이한다.

결혼식 날, 왕룽은 아침 일찍 일어나 정초에 한 번 하고 반년이 넘도록 하지 못했던 목욕을 하고 하나뿐인 외출복으로 갈아입은 뒤 황부잣집에 가서 오란을 데리고 왔다. 이것이 결혼식의 전부였다. 그날 왕룽은 오란을 처음 보았다. 왕룽은 네모난 얼굴에 정직하고 참을성 있어 보이는 오란이 마음에 들었다. 그녀를 데리고 오는 길에 왕룽은 동전 두 닢을 내고 복숭아를 여섯 개 사서 오란에게 주었다. 그날 저녁 오란은 부엌에 들어가 남편과 시아버지를 위해 저녁을 준비하는 것으로 결혼생활을 시작한다.

왕룽은 결혼생활에 매우 만족했다. 자신이 하던 집안일을 이제는 오란이 다 맡아서 하게 되었기 때문이다. 집은 깨끗해지고 의복과 이불도 잘 관리되었다.

오란은 집안일뿐 아니라 농사일도 잘했고 잠깐 쉬는 일도 없었다. 임신을 했을 때도 전과 다름없이 일했고, 출산 때는 산파도 부르지 않고 방에서 혼자 신음을 참아가며 애를 낳았다. 첫아이를 낳았을 때는 다음 날 일어나 아침을 준비했고, 그다음 날부터 들일을 나갔다. 둘째를 낳았을 때는 애를 낳고 바로 들일을 하러 나갔다. 그녀는 해야 할 말 외에는 하지 않았고 시간이 흘러도 한결같았다.

왕룽은 처음엔 그녀를 의식했다. 가끔 전족을 하지 않아 큼직한 발로 집 안을 걸어다니는 모습을 가만히 바라보곤 했다. 그러나 충실한 종처럼 묵묵히 일만 하는 아내에게 특별히 불만이 없었고 아내로서 충실하면 그만이라고 생각해 점차 의식하지 않게 되었다.

왕릉과 오란은 눈을 뜨면 일하고 잠자기 전까지 일만 했다. 낭비라고는 전혀 모르는 그들은 살림살이가 점점 불어났고 아들 둘과 딸 하나를 낳았다. 딸은 몇 해가 지나도록 말도 제대로 하지 못했고 왕릉은 그 딸을 가엾게 여기고 깊은 애정을 가졌다.

왕릉의 마을은 가뭄이 몇 년째 계속되자 온 동네가 굶주렸고, 먹을 것이라곤 콩 하나도 남지 않게 되었다. 왕릉은 먹을거리가 풍부하다는 남방으로 가족을 데리고 떠났다. 그때 오란은 넷째를 임신 중이었다.

왕릉의 식구는 남방에 가서도 계속 굶주렸다. 천막에서 살며 오란과 아이들은 먹을 것을 훔치러 다니고, 왕릉은 인력거를 끄는 노동을 하지만 죽지 않을 정도로만 먹을 수 있었다. 오란은 또 혼자서 출산을 했지만 아이는 태어나자마자 죽었다. 살아 있는 것이 기적인 날들이 이어지고 걸어 다닐 힘조차 없을 때 전쟁이 일어났다. 왕릉은 부자 동네로 가서 피란을 떠난 빈집으로 들어가 큰돈을 훔치고 오란은 부자들이 감추어둔 보석을 찾아낸다. 결국 이들은 상당한 자금을 갖고 고향으로 돌아온다.

왕릉은 훔친 돈과 보석으로 망해가는 황부자의 땅을 사들였다. 농사가 잘되어 왕릉은 점점 부자가 되어간다. 그 사이 오란은 쌍둥이 딸과 아들을 더 낳았다. 이때도 혼자 아이를 낳고 뒤처리를 한 뒤 곧바로 집안일을 했다.

이제 왕릉은 과거 자신이 감히 쳐다볼 수도 없었던 황부자처럼 부자가 되어 사람들의 존경과 아첨을 받으며 왕부자로 불린다. 그

책으로 치유하는 시간

러나 오란은 전과 달라진 게 없이 집안일을 직접 한다. 하녀를 두어도 될 형편임에도 왕릉은 아내를 편하게 해주는 데 생각이 미치지 못하고, 오란도 힘들다고 말하지 않는다.

절대 그럴 것 같지 않게 보이던 왕릉은 부자 흉내를 내기 시작한다. 토지는 모두 소작을 주고, 신뢰하는 칭에게 잡다한 관리를 맡긴다. 그리고 몸 파는 여자인 렌화의 미모에 반해 매일 홍등가를 찾아간다. 그러다가 결국 그녀를 소실로 집에 들인다. 렌화를 위해 집 뒤편에 별채를 짓고 화려한 장식을 하고 그녀의 보석과 옷을 사들이는 데 돈을 아끼지 않는다.

자녀들은 장성하여 결혼을 하고 집에는 식구가 점점 늘어간다. 그가 젊은 시절 힘들게 살아온 것에 비해 자식들은 안락한 삶과 보장된 미래를 갖고 있다. 변하지 않는 것이 있다면 바보인 딸과 아직도 일만 하는 오란뿐이다. 하지만 오란은 병을 얻어 하루하루 수척해간다. 그러면서도 집안일을 계속하는 오란을 보며 왕릉은 아내라는 존재에 대해 처음으로 생각한다. 결국 오란은 죽고 얼마 후 늙은 아버지도 죽는다. 왕릉은 장례를 성대하게 치르고 자신의 자랑스러운 대지에 무덤을 만든다.

세월이 더 흘러 왕릉은 황부자의 대저택을 사들이고 자식들을 그곳에서 살게 한다. 그는 다 이루었고 자신이 죽은 후에도 자손들이 자신이 이루어놓은 땅을 밑천으로 대를 이어 부자로 살 것임에 마음을 놓는다. 그러나 그는 나이가 들어가면서 허무감을 느낀다. 땅만 있으면 아무것도 필요 없다고 생각했는데 이제 거대한 땅을 가졌음에도 허무하다. 그 이유는 땅 이외에는 아무것도 없기 때문이다. 그에게는 땅을 모으기 위해 노력했던 것 이외에는 추억이 없다. 아내와 사랑했던 기억도 없고, 가족과의 단란함을 누린 기억도 없다. 또 계절 따라 바뀌는 풍경을 보며 달라지는 소소한 감정들이 존재하는지도 모르고 살았다.

각자 삶의 방식은 다르다. 왕룽이 돈을 벌면 무조건 땅을 사는 것과 오란이 쉬지 않고 오로지 일만 하는 것은 그들 각자의 삶의 방식이다. 그들은 삶의 목적이 뚜렷했지만 제삼자의 시각에서 보자면 안쓰러운 부분도 있다. 왕룽은 성공했고 많이 가졌으며 목표한 것을 쟁취했지만 속은 텅 비어 있었다. 그 속에 향락이 쉽게 침투했지만, 그런 것은 그 빈 공간을 채워주지 못했다.

그리고 오란은 자신에게 편안함을 조금도 허락하지 않았다. 그녀는 일 외에는 할 줄 아는 것이 없었다. 자신의 마음속에 있는 감정을 드러낼 줄도 모르고, 더 채워야 할 감정도 알지 못했다. 오란은 자기 자신에 대해 한 번도 말 한 적이 없다. 스스로도 자신이 무엇을 바라는지, 무엇을 하고 싶은지 알지 못했고 그저 주어진 시간을 하던 대로 하고 살았다. 그녀는 처음에 부잣집 종이었던 것처럼 결혼 후에도 평생 종처럼 살아간다. 그것이 그녀의 삶의 방식이었다. 그러나 오란은 행복하지 않았다. 부자가 되어서 좋았던 것은 굶지 않는 것일 뿐 그 이외에는 아무것도 변한 것이 없었다. 감정도, 욕망도, 바람도 없는 삶이었다. 그녀가 남편을 통해 이룬 성공은 그녀의 것이 아니었다.

책으로 치유하는 시간

오히려 왕릉의 자녀들은 자신이 원하는 것을 얻는 데 적극적이다. 왕릉처럼 부지런하지도 않고 검소하지도 않지만 적어도 자신들의 욕망이 무엇인지를 알고 있다. 비록 아버지의 부에 무임승차한 것으로 떳떳하지 않고, 아버지 왕릉이 못마땅해 할지언정 자신이 하고 싶은 것을 한다. 맏아들은 성내의 부자들을 대표해서 요직을 맡아 사회활동에 적극적이고, 둘째는 큰 곡물상을 차리고 땅의 일부를 팔아서 곡물 유통업을 하려는 계획도 세운다. 그리고 셋째는 군인이 되기 위해 집을 떠난다.

결핍은 남은 게 얼마가 있든 그것과 상관없이 마음이 비어 있는 상태다. 만족을 모르는 가난한 부자는 결국 행복할 수 없다.

월스트리트의 마녀라고 불리우는 헤티 그린이라는 여성이 있다. 〈포브스〉지가 밀레니엄 부호를 선정했을 때 그녀도 포함되었다. 비록 그녀는 엄청난 부자였지만, 역사상 가장 지독한 구두쇠로 알려져 있다.

헤티 그린은 어렸을 때부터 경제에 밝았다. 글을 읽게 되자마자 경제신문을 읽었고, 부모가 주는 용돈을 체계적으로 관리하기 위해 은행에 구좌를 만들었다.

13세가 되었을 때는 아버지 회사에서 경리업무를 볼 정도로 숫자와 돈에 대한 계산이 뛰어났다. 남북 전쟁 중 헐값으로 떨어진 국채를 사들였고, 전쟁이 끝나자 가격이 정상화되어 재산을 기하급수적으로 불렸다. 결혼을 했지만 얼마 되지 않아 이혼했는데 이혼 사유는 남편의 사치스러움 때문이다. 또한 경제공황 시기에 바닥으로 떨어진 주식을 사서 오를 때까지 기다렸다가 팔아 엄청난 수익을 거두었다.

그녀는 경쟁자를 미워해서 그의 주거래 은행에 거액을 예치했다가 예고 없이 한꺼번에 인출해 은행과 경쟁자를 망하게 하는 행위도 서슴지 않았다. 그녀는 돈을 위해서라면 무슨 짓이든 했다.

그런데 그렇게 많은 돈을 가졌음에도 쓰는 데 매우 인색했다. 주변 사람들에게 야박하게 구는 것은 물론이고 세금을 내지 않으려고 싸구려 아파트에 살았으며 세탁비를 아끼려고 때가 덜 타는 검은색 옷만 입었다. 가장 경악스런 일은 아들이 어릴 때 다리를 다쳤는데 치료비가 아까워 병원에 데려가지 않았다. 결국 다리가 썩어들어가서 무릎 아래를 절단하고 말았다.

주변에 친구도 없었고 마녀라고 손가락질을 받았으며 돈에 벌벌 떨며 살다가 외롭게 죽었다. 그녀는 돈이라는 목표 이외에는 아무것도 관심을 두지 않았다. 그녀는 놀라운 부를 축적했지만 그것을 대단하다고 생각하는 사람은 없다. 그렇게 버는 돈은 가치가 없고, 그런 평판을 받을 바에는 차라리 돈을 덜 가진 편이 낫기 때문이다. 그리고 자식을 불구로 만들 바에는 차라리 가난하게 사는 편이 나을 것이다.

보편적인 행복, 일상적인 기쁨, 인간적인 따뜻함을 전혀 모르고 살았던 헤티 그린은 실패한 인생이다. 그녀는 돈 이외에 세상의 온갖 결핍을 다 갖고 있었던 셈이다.

목표가 뚜렷한 사람들은 그것을 이룰 때까지 앞으로 달리기만

책으로 치유하는 시간

하기에 다른 부수적인 것들은 뒷전이 된다. 그러나 간절히 바라던 목표를 이루었을 때 갑자기 밀려드는 허무감을 많은 사람이 느껴보았을 것이다. 오로지 하나만 바라보고 달리느라 다른 것을 전혀 돌아보지 않았으므로 잃은 게 많아졌기 때문이다.

나에게 없는 것을 채우는 것이 목표라면 그것만 바라보아서는 안 된다. 달리다 잠시 멈추고 숨을 길게 몰아쉬며 지나치는 풍경을 바라보고 때때로 뒤도 돌아볼 필요가 있다. 그렇게 해야 가고 있는 이 길이 맞는 것인지 생각해볼 여유를 갖게 된다. 그것이 목표에 도달하고 나서 오히려 무너져버리는 실패를 겪지 않는 방법이다.

사는 것이 아무리 바쁘더라도 잠시 동안 나만의 고독한 휴식이 필요하다. 그 시간에 나 자신을 돌아보고 어루만지는 여유를 가질 수 있다. 그런 것조차 하지 않으면 빠르고 긴박하게 돌아가는 현실에서 갖고 있는 목표에 대한 절박함이 삶을 온통 채워버린다. 그건 결국 결핍으로 이어진다. 성공의 허무함도 결국은 결핍이다.

결핍은 바로 마음의 여유를 내 자신에게 주지 않을 때 마음속을 파고들어와 부정적 감정의 소용돌이를 만들어내는 것이다.

가진 게 없다고 내 자아까지 초라한 것은 아니다. 가진 것보다 결
핍에 집착하면 삶은 상처투성이가 될 수밖에 없다. 그래서 고개를
들어 다른 곳, 다른 사람들을 보면서 내가 갖고 있는 것이 많음을
느껴보자. 나는 나에게 그 자체로 소중한 사람이다.

CHAPTER 3

관계 속에서 받는 상처
VS
고독 속에서 받는 상처

선천적으로 고독한 사람은 없다. 경험과 기억이 우리를 고독하게 만든다. 고독감에 빠지게 된 많은 이유 중에서 상처로 인해 막다른 골목에 몰려 어쩔 수 없이 고독하게 되어버린 경우가 있다.

사실 고독은 즐길 수도 있는 감정이다. 즐길 수 있는 고독은 감정적으로 편안한 상태여야 한다. 그러나 어쩔 수 없이 고독한 것은 상처의 후유증 때문이고, 그중에서도 상실의 기억 때문이다.

우리의 경험 중에서 상실의 기억은 오랫동안 지속된다. 상실감의 특징은 누군가가 의도적으로 주는 것이 아니라 내가 무엇인가를 잃고 헤어나지 못하는 감정이라는 점이다. 그래서 남을 탓할 수도 없고 그저 힘들 뿐이다. 이런 경우에는 익숙해짐과 어느 정도의 시간이 필요하다.

미국의 사회학자 데이비드 리스먼은 그의 저서 《고독한 군중》에서 사회적 측면의 인간 성향을 분류했다. 인간의 성향은 시간의 흐름에 따라 전통적, 내부적, 외부적 지향형으로 발전해나가는데 현대인은 외부지향형이다. 현대사회에서 살고 있는 사람들은 집단에 소속되고 관계를 맺는 과정에서 어쩔 수 없이 이 형태에 속할 수밖에 없다. 타인에게 영향을 받고, 그들의 생각과 취향에 민감하며, 집단에서의 이탈을 두려워한다.

리스먼은 고독한 현대인은 자기 속을 숨긴다고 말했다. 이는 타인에 대한 두려움을 갖고 있기 때문이다. 이런 생각을 갖고 있는 나를 사람들이 어떻게 생각할 것인가 그리고 나를 바라보는 기대치에 미치지 못하면 어떻게 할까 라는 걱정에서 생기는 두려움이다. 그래서 고독감은 더 깊어지게 된다.

어차피 고독할 수밖에 없는 현대인으로 살아가는 우리가 더 고독해지는 이유는 상실의 기억 때문이다. 실연으로, 절연으로, 또는 죽음으로 사람을 떠나보낸 기억은 오래도록 깊은 고독에 머물게 한다. 그리고 그 고독의 심연에서 빠져나올 수 있는 것은 온전히 자신의 의지다.

상 실 감 을 떨 치 지 못 하 면
삶 의 늪 이 되 어 버 린 다

《상실의 시대》

무라카미 하루키의 소설 《상실의 시대》는 사람을 잃은 처절한 상
실의 고통을 보여주며 상실감이 얼마나 깊을 수 있는지를 잘 보여
준다.

　　고교생 와타나베와 기즈키는 서로에게 유일한 동성친구다. 와타
나베는 평범한 가정 출신으로 독서와 음악 듣기를 좋아하는 조용한
성향을 가진 눈에 띄지 않는 학생이다. 기즈키는 아버지가 치과의
사로 부유한 집안 출신으로 명석하고 대화를 잘 이끌어가는 재능을
가졌으나 냉소적인 면이 강해 사교적이지 않다. 나오코는 기즈키의
여자친구로 셋은 함께 어울려 다닌다. 그러던 어느 날, 아무런 예고
없이 기즈키가 자살하고 그들의 추억은 17세에서 멈춘다.

　　대학생이 된 와타나베는 도쿄에서 학교를 다니고 역시 도쿄에서

　　　　　　　　　　　책으로 치유하는 시간

대학을 다니고 있는 나오코와 다시 만난다. 두 사람은 연인 사이 같지만 보통의 연인들보다는 친구 같은 관계로 만남을 이어간다. 그러나 나오코는 정신적으로 건강하지 못해 요양원에 들어가게 된다. 그리고 와타나베는 같은 강의를 듣는 미도리의 활달함과 적극적인 성격에 끌려 만나게 된다. 이들은 자주 만나지만 연인이라고 규정짓지 못한 상태로 친밀해진다.

와타나베는 요양원에 있는 나오코에게 지속적으로 편지를 보내고 몇 개월에 한 번씩 방문하여 며칠씩 지내다 온다. 그러나 병이 악화된 나오코는 결국 자살한다.

기숙사에서 와타나베와 유일하게 가까이 지내던 나가사와 선배도 외국으로 떠나고 이제 그에게는 미도리만 남는다. 이렇게 소설은 끝난다.

이제 와타나베, 나오코, 미도리의 마음을 좀 더 자세히 들여다보자.

와타나베는 기즈키를 마지막으로 본 사람이 되어버렸다. 둘은 함께 당구를 친 후 헤어졌고, 집으로 돌아간 기즈키는 자살했다. 와타나베는 몇 시간 전까지도 같이 있었던 친구가 죽으리라고는 전혀 예상하지 못했다. 기즈키가 왜 죽었는지 아는 사람은 아무도 없다.

그렇게 남겨진 와타나베는 기즈키와 관련된 전부를 잊으려고 한다. 그리고 모든 것에 대해 너무 심각하게 생각하지 말고 적당한 거리를 두겠다고 결심한다. 사소한 것 하나라도 기즈키와 연관되어서 떠오르면 어김없이 상실의 고통 속을 헤매야 한다는 것을 알기 때문이다.

와타나베는 빨리 고향을 떠나고 싶어 했고, 실제로 떠났지만 새로운 곳에서도 모든 것과 거리를 둔다. 대학기구의 주도권 변경을 요구하는 동맹휴학 요구에도 참가하지 않는다. 동맹휴학을 선동하던 학생들이 다시 강의실에 들어와 출석에 대답하는 것을 보고 그들도 어쩔 수 없이 학점을 따 사회에 나가 비열한 사회를 만들어가게 될 것이라 생각하고 그들을 경멸한다. 그는 점점 냉소적인 사람이 되어간다. 상실의 후유증이 그를 그렇게 몰아간 것이다.

원래 조용한 성격이었지만 친한 친구의 자살을 겪은 후 냉소적으로 변해버린 와타나베는 더 이상의 친구를 원하지 않는다. 그러나 유일하게 기숙사의 나가사와 선배와는 가까이 지낸다.

겉으로 보기에 둘은 전혀 어울리지 않는다. 나가사와는 부자 아버지를 가졌고, 잘생기고, 무엇을 해도 잘하는 능력자로 대학에서 유명한 인물이다. 그는 사람들의 추종을 물리치지 않으므로 어딜 가든 사람들 속에서 군림한다. 그러면서도 속물이라서 뛰어난 화술로 여자들을 매료시키고 즐길 수 있는 것은 전부 즐기며 도덕성이나 사회적 가치에 대해 고민하지 않는다. 그는 모든 것을 가졌음에도 내면은 음울하다. 그래서 후배인 와타나베가 정신적 결핍 속에 있음을 알아본다.

와타나베는 나가사와 같은 부류의 인물을 좋아하지 않지만 그에게 호감을 갖는다. 이유는 나가사와 같이 정직한 사람을 본 적이 없기 때문이다. 나가사와는 거짓말을 하지 않으며, 자신의 잘못이나

책으로 치유하는 시간

결점을 전혀 감추지 않고 무엇을 하든 거침이 없다. 와타나베는 나가사와의 솔직하고 거침없는 말과 행동을 보며 신선함을 느낀다. 그러나 그가 나가사와에게 빠져든다거나 그를 추종하는 것은 아니다. 그저 다른 관계보다 조금 가까울 뿐이다. 그것은 부족함을 느끼지 못하는 나가사와도 마찬가지여서 이 둘의 관계는 헤어지면 잊히는 현대사회의 허무한 인간관계의 전형이라 할 수 있다. 와타나베는 이런 관계에 대해 아쉬움을 느끼지 않는데 이는 그가 의도적으로 내면의 감정들을 무시하기 때문이다.

큰 상처를 경험하고 나면 와타나베처럼 행동하게 된다. 외부 자극에 둔감해지거나 의도적으로 둔감하려고 한다. 감정을 느끼지 않음으로 해서 고통을 덜고 싶기 때문이다. 그러나 여기에는 쓸쓸함의 그림자가 드리울 수밖에 없다.

와타나베는 가을이 시작되는 어느 날 오후, 행복해 보이는 사람들을 바라본다. 그들이 정말 행복한 것인지 아니면 그렇게 보이는 것인지 의문을 갖지만 그들을 보며 쓸쓸함을 느낀다.

기즈키의 여자친구였던 나오코는 마치 높은 곳에서 외줄을 타고 있는 것처럼 삶 자체가 불안정하다. 17세 때 경험한 기즈키의 자살은 그녀를 세상 밖으로 나오지 못하게 하는 걸림돌이 되었다. 나오코는 더 오래전 언니의 자살을 목격했었기에 그녀가 경험한 두 번의 죽음은 그녀의 삶에 짙은 어둠을 드리웠다.

그녀는 기즈키와 아주 어린 시절부터 친구였다. 열두 살 때 키스를 하고 아무런 제재 없이 짝으로 성장했으며 성에 관해 서로에게 열려 있고 자아까지도 공유했다.

성장기에 겪게 되는 성과 자아에 대한 혼란도 둘은 함께했으므로 성장통을 심하게 겪지 않았다. 나오코는 기즈키가 죽지 않았어도 어차피 둘이 함께 있으면서 불행해졌을 거라고 생각한다.

이들은 우울함을 갖고 있는 상대를 동시에 알아봤고 그것이 사랑이든 우정이든 둘을 하나로 묶어주었다. 그 결합은 외로움을 지우긴 했지만 다른 곳에 시야를 돌리는 경험을 하지 못하게 했다. 이들은 어른이 되었을 때 성장과정에서의 감정적인 기형 때문에 사회생활이 쉽지 않았을 것이며, 나오코는 이미 그것을 예상하고 있었던 것이다.

정신적 고통이든, 육체적 고통이든 고통을 겪고 싶어 하는 사람은 없다. 그러나 우리는 누구나 삶에서 성장통을 겪게 된다. 그것을 겪는 순간에는 한없이 고통스럽지만 그 과정을 통과하고 나면 전보다는 성숙하고 단단해진다. 그러나 나오코와 기즈키는 어린 시절 만나 서로에게 너무나 의지한 나머지 건너가야 할 과정을 잃어버렸고, 그것이 오히려 삶의 독이 되었다.

그래서 우리가 삶에서 만나는 고난과 시련은 축복이다. 평탄하게 살면 알 수 없는 것들을 배우기 때문이다. 또한 누구나 겪는 일반적인 경험들도 꼭 배워야 할 과정이다. 그것을 배우지 못하면 불균형적인 성장을 하게 되어 인간관계를 잘 맺지 못하고 사회성이 제대로 발달하지 못한다.

와타나베와 나오코는 기즈키의 죽음으로 인해 공통의 상실감과 정신적인 고통을 갖고 있다. 그러나 둘의 차이점은 와타나베가 자신의 껍질 속으로 들어가 무엇인가를 하면서 단단해지고 있었다면, 나오코는 그렇게 하지 못했다. 나오코는 그 점을 부러워하며 와타나베를 자신의 삶 속으로 끌어들이고 싶어 한다. 언니의 죽음 후 나오코에게는 기즈키와의 관계가 성장의 전부였다. 그러나 그가 죽은 후 그녀에게는 와타나베가 바깥세상과 자신을 이어주는 유일한 고리가 된 셈이다.

하지만 와타나베는 그 자신도 세상을 향해 벽을 만들고 주어진 시간을 살아갈 뿐이므로 그녀에게 더 이상의 무엇을 줄 수 없다. 이들은 서로에게 기대를 걸었지만 커다란 상처를 가진 상태였으므로 서로에게 보호막이 되어주지 못한다.

자신의 상처를 치유하지 못한다면 결코 다른 이들의 상처를 치유해줄 수 없음을 우리는 이 두 사람을 보면서 알 수 있다. 극복하지 못한 상처는 성숙함으로 가지 못하기 때문이다. 와타나베에게 다가오는 미도리는 어쩌면 그것을 가능하게 할 인물일 수도 있다.

이 소설의 인물 중에서 미도리는 가장 현실적인 인물이다.

그녀처럼 상처를 다른 것으로 대치할 수 있다면 삶은 좀 수월해질지도 모른다. 그녀는 자신은 가정식 요리를 먹고 싶지만 어머니가 집안 살림에 전혀 관심이 없어 용돈을 모아 요리기구들을 구입할 정도로 자신의 욕구에 충실하다. 친구들이 용돈으로 드레스나 구두를 살 때 그녀는 돈을 모아 냄비, 프라이팬 등을 산다. 브래지어 살 돈으로 달걀말이용 프라이팬을 사야 하는 현실이 누구에게는 상처가 될 수도 있지만 그녀는 브래지어 하나로 버티면서 달걀말이의 완성에 의미를 둔다. 그녀는 자신의 자존심을 위해 거짓말도 잘한다. 와타나베를 자신의 집으로 초대했을 때 아버지의 부재에 대해 거짓말을 한다. 병원에서 죽을 날을 기다리고 있는 아버지를 우루과이에 갔다고 말한다. 미도리의 거짓말은 누군가를 속이고 싶어 하는 것이 아니라 자신이 그렇게 되었으면 하는 바람의 표현이다.

사람들과의 관계에서는 시니컬한 태도를 취하면서도 와타나베에게는 밝게 보이려고 하는 미도리는 이들 중 유일하게 사랑할 줄 아는 인물이다. 와타나베의 미도리에 대한 태도는 색다른 대상에 대한 끌림이다. 그가 나오코에 대해 느끼는 감정은 같은 아픔을 가진 것에 대한 연민이자 깊은 슬픔이지만, 미도리에 대한 감정은 마치 호흡하는 것처럼 자연스럽게 나오는 감정이다. 그는 미도리와 함께 있을 때 보통의 젊은이로 돌아간다.

나오코는 죽기 전 와타나베에게 자신이 존재했었음을 기억해 달라고 부탁한다. 그러나 그것은 와타나베를 서글프게 한다. 왜냐하면 그녀가 자신을 진정으로 사랑했다면 또 한 번의 죽음으로 두 배의 상실감을 갖도록 하지 않았을 것이기 때문이다.

그는 자신을 배려하지 않고 죽어버린 친구의 죽음을 삶의 반대편 극단에 두고 상처로 남겼다. 차라리 삶의 과정으로 받아들여 감정을 드러내놓고 인정했다면 감정의 응어리가 풀어지고 덜 고통받을 수 있었을 것이다. 어차피 죽은 사람은 다시 돌아올 수 없고 산 사람은 남은 생을 살아가야 하기 때문이다.

책으로 치유하는 시간

와타나베는 친구들의 죽음을 자신의 내면 속에 담고 거기에 계속 머물러 있는다. 그는 이렇게 생각한다.

'깊어가는 봄의 한가운데서 마음이 떨리고 흔들리기 시작함을 느껴야 했을까. 그런 떨림은 대개 해질 녘에 찾아들었다. 목련 향기가 그윽하게 풍겨오는 옅은 어둠속에서 내 마음은 까닭 없이 부풀어 오르고 떨리고 흔들리고 아픔으로 차 있었다. 그럴 때면 나는 가만히 눈을 감고 이를 악물었다. 그리고 그런 느낌들이 지나가기를 기다렸다. 천천히 오랜 시간이 걸려 그런 느낌은 지나갔고 그 후에 둔탁한 아픔을 남겨 놓았다.'

우리가 떠나보내지 못하는 아픔의 시간 속에 머물러 있을 때 느끼는 감정도 이러할 것이다.

와타나베가 그 후 어떻게 살았는지는 알 수 없다. 그러나 시간을 훌쩍 뛰어넘어 37세가 된 와타나베는 일본이 아닌 함부르크 공항에서 착륙을 기다리고 있다. 그가 비행기 안에서 자신에게 공허하다고 외치는 내면의 소리는 아직도 상실의 아픔에서 벗어나지 못했음을 보여준다. 하지만 시간이 지나 그에게도 변화는 있어 보인다. 그는 이제 아픔은 없으나 공허함을 진하게 갖고 있으며 더 시간이 지나 아픔이 완전히 사라지기를 바라고 있다.

시간이 흘러도 와타나베는 자신의 내면에 오랫동안 머무르고 있는 감정의 실체에 대해 인정하지 않는다. 그는 자신의 감정에 대해 어떤 아픔도 느끼고 싶어 하지 않는 사람으로 살고 있다.

만약 누군가 와타나베와 같은 상처의 후유증처럼 단지 생각만으로 아픔이 사라지기를 재촉하고 있다면 이는 다시 상처받을 준비를 하고 있는 셈이다. 더 이상 아픔을 느끼고 싶지 않다면 그 감정에서 힘껏 빠져나와야 한다.

우리는 살면서 누구나 누군가를 잃는 상실의 아픔을 겪어야 한다. 돌아오지 않는 떠나간 사람에 집착하고 그리워하는 것은 앞으로 살아갈 날에 상처만 될 뿐이다. 상실의 아픔을 스스로 키우지 않고 깊은 감정의 심연에서 빠져나오는 것은 우리가 겪어야 할 하나의 성장통일 것이다.

책으로 치유하는 시간

위 로 가 되 는
존 재 의 의 미

《마음은 외로운 사냥꾼》

카슨 매컬러스의 《마음은 외로운 사냥꾼》에는 고독한 사람이 등장한다. 그를 통해 고독은 결국 나누어 질 수 없는 우리 개인의 몫임을 깨닫게 된다.

1930년대 미국 남부의 마을에 살고 있는 청각장애자 싱어는 같은 청각장애인 안토나포울로스와 10년째 같이 살고 있다. 싱어는 은세공 기사이며, 안토나포울로스는 사촌의 과일가게에서 일한다. 싱어는 지적이고 부드러운 사람으로 체스를 좋아하며 꼼꼼한 성격이다. 안토나포울로스는 먹는 것을 좋아하는 대식가이고, 느긋하게 시간을 보내며 본능에 충실한 성격이다. 둘은 성향이 매우 다르지만 서로에게 유일한 친구다.

이들은 각자의 일터에서 일하는 시간 외에는 늘 함께 다닌다. 퇴근 후 집에서 배불리 먹고 가끔 행복한 투정을 부리는 안토나포울로스를 싱어는 체스를 두며 따뜻한 미소로 바라보고는 한다. 싱어가 열심히 수화로 이야기를 하면 안토나포울로스는 뚱뚱한 배를 내밀고 비스듬히 앉아 붉은 얼굴에 평화로운 표정을 담고 듣는다. 이들은 작은 동네에서 10년 동안 변함없이 평화로운 일상을 살았다.

그러나 어느 날부터인가 안토나포울로스가 원인 없는 정신질환으로 사고를 치기 시작하고 싱어는 묵묵하게 친구의 뒤치다꺼리를 한다. 증세는 점점 심각해지고 안토나포울로스는 결국 사촌에 의해 요양원에 보내진다. 홀로 남은 싱어는 친구를 그리워하며 행복했던 추억이 가득한 방을 떠나 켈리라는 여자가 운영하는 하숙집으로 옮긴다. 그리고 동네에 있는 뉴욕카페에서 세끼를 해결한다. 이 뉴욕카페와 켈리의 하숙집을 중심으로 동네에 살고 있는 사람들은 싱어 주변으로 모이기 시작한다. 그들은 모두 상처가 깊은 사람들이다.

사람들이 싱어를 찾아가는 이유는 자신들의 이야기를 방해받지 않고 전부 할 수 있기 때문이다. 입술을 읽어서 알아듣는 싱어에게 그들은 진실을 길게 이야기하는 동안 큰 위로를 받는다. 그러나 그들은 자신의 이야기를 듣는 싱어의 상태가 어떤지 알지 못한다. 누구나 자신의 슬픔은 너무나 크게 느껴지지만 남의 슬픔은 잘 보이지 않거나 제대로 보지 않기 때문이다.

싱어를 찾아온 사람 중에는 흑인 의사 코펄랜드라는 사람이 있다. 그는 흑인인권운동에는 정열적이지만 아내 데이지를 폭행하고 자녀들에게 사랑을 주지 못했다. 데이지가 죽자 자녀들은 그를 멀

책으로 치유하는 시간

리한다. 딸은 켈리의 하숙집에서 일을 하고, 아들 윌리는 사고로 교도소에 들어갔는데 교도소 내 폭행사건으로 두 발목이 잘려 불구가된다. 닥터 코펄랜드는 그 일을 겪으면서 삶의 정열이 사라져버리고 병이 악화된다. 그는 싱어에게 속마음을 털어놓고 의지한다.

하숙집 딸 믹은 음악가가 되고 싶은 소녀다. 싱어의 라디오에서나오는 음악을 경청하고, 피아노를 갖고 싶어 하며, 음악레슨을 받고 싶어 하지만 어려운 형편 때문에 불가능하다. 그녀는 머릿속에서 만들어지는 선율들이 있지만 음악을 배우지 못해 악보에 옮기지못한다. 어린 그녀에게 세상은 이루지 못할 일들로 가득 차 있는 곳이다. 믹은 싱어를 좋아하고 싱어는 믹을 위해 라디오를 구입해 음악을 틀어 놓는다.

그리고 제이크 블라운트는 혁명가의 기질이 있지만 행동하지 못하고 목소리만 큰 사람이다. 그는 정부가 지주고, 국민이 소작농이며 노동자라고 생각한다. 그는 경제적 수난 속에서 억울함을 당하는 이유는 모두 자본주의적 민주주의 때문이므로 희망이 없다고 주장한다. 그는 자신의 분노를 싱어에게 토해내고 나면 마음이 편안해진다. 어떤 때는 그저 싱어를 생각하는 것만으로도 마음의 위안을 얻는다.

이들이 싱어에게 이야기를 할 때 싱어는 얼굴을 돌리지 않고 입술을 읽기 위해 집중하여 상대를 본다. 얼굴에는 부드러운 미소를띠고 눈에는 깊이 이해한다는 듯한 표정을 담고 있다. 이들에게 싱어는 상담자이자 후원자이며 종교적 구원자인 셈이다. 그러나 아무도 싱어의 외로움을 묻지도 않았고 들을 수도 없었다.

싱어는 안토나포울로스에게 그들에 대해 어떻게 생각하는지 편지를 쓴다. 그러나 싱어는 그것을 부치지 않고 갖고 있다. 친구가 글을 읽을 줄 모르기 때문이다. 싱어가 부치지도 못할 편지를 쓰는 이유는 이야기를 하고 싶어서다. 싱어는 편지에서 자신에게 말을 하러 오는 사람들에 대해 이야기를 한다. 그들이 갖고 있는 마음속 분주함, 모순되는 말들, 개연성 없는 자기주장과 과격함 그리고 마지막에는 혼자 있는 외로움과 친구에 대한 그리움을 썼다.

그들은 언제나 싱어를 찾아와 마음속 이야기를 하지만 싱어의 고독함을 모르고, 싱어도 잘 들어줄 뿐 그들의 마음을 온전히 이해하는 것은 아니다. 이는 많은 관계를 맺고 있음에도 고독한 우리의 모습이기도 하다. 싱어에게도 그를 찾아오는 다른 사람들처럼 그의 언어로 대화할 상대가 필요했다. 그 대상이 어떤 생각을 갖고 있으며 얼마나 이해력이 있는지는 사실 상관이 없다.

싱어는 안토나포울로스를 찾아가 그간의 쌓였던 이야기를 지칠 줄 모르고 수화로 이야기한다. 스스로 이야기에 취해 손동작은 빨라지고 얼굴은 상기되고 이마에는 땀까지 흐른다. 안토나포울로스는 친구의 이야기에 고개를 끄덕이다가 혀를 내밀고 웃고 싱어는 친구 때문에 눈물이 고이도록 웃는다.

싱어는 그동안 누구와도 대화를 하지 못했고 참고 쌓아두었던 대화들이 친구를 만나면서 물밀듯이 쏟아져 나왔다. 단순한 안토나포울로스는 그저 들을 뿐, 싱어의 말속에 담겨 있는 절박함은 알아듣지 못한다. 그 절박함은 혼자만의 외로운 시간을 이겨내기 위한 안간힘과 이곳에 오기까지의 기다림의 인내를 담고 있으나 그것까지 알아듣지는 못한다.

안토나포울로스가 싱어를 어떻게 생각하는지는 중요하지 않다. 싱어에게는 자신의 이야기를 가장 소중한 친구에게 들려주는 것이 중요하며, 그로 인해 오는 충만감을 친구가 느끼지 못하더라도 싱어 자신이 느끼면 그것으로 충분하기 때문이다.

싱어와 안토나포울로스는 각자 만족스럽다. 누군가와 무엇을 나누었다면 상대방도 무언가를 얻었을 것이고 나도 분명히 얻은 것이 있다. 그 후에 느끼는 만족감이나 상실감은 결국 내 몫이다.

만남을 끝내고 집으로 돌아온 싱어는 잠시 누렸던 행복감 때문에 그전보다 더 외로움을 느낀다. 친구를 다시 만날 날을 고대하는 것만이 그를 현실에서 버티게 하는 힘이다.

그는 병원에 있는 안토나포울로스를 늘 그리워하며 그와의 시간을 추억한다. 친구에게 소포를 보내고 몇 달에 한 번 휴가를 내서 친구와 며칠을 보내고 오는 것이 그에게는 유일한 삶의 목적이다.

싱어는 다시 안토나포울로스를 만나러 가는 날이 되자 기쁨으로 가슴이 벅차 흥분 상태가 된다. 여행길은 300킬로미터 정도 되지만 기차는 멀리 돌아갔고 야간에 어떤 역에서 몇 시간을 기다렸다가 떠나 밤새도록 기차를 타고 다음 날 아침에야 목적지에 도착하는 기나긴 여정이다. 그는 친구에게 줄 선물을 색지에 포장하고 과일바구니는 셀로판지로 쌌다. 그는 이번에는 일주일 동안 친구와 지낼 예정으로 휴가를 길게 냈고 가는 내내 마음이 설렌다.

그런데 요양원을 방문한 싱어는 충격적인 소식을 듣는다. 안토나포울로스가 지병인 신장병으로 이미 죽은 것이다. 상실감을 주체할 수 없던 싱어는 집으로 돌아와 권총으로 자살한다.

싱어의 죽음으로 주변 사람들은 당황하고 지원군을 잃었음에 슬픔을 느낀다. 그렇다고 그들이 싱어의 죽음을 헛되게 하지 않으려고 개과천선하거나 더 나은 삶을 살기 위해 노력하는 것은 아니다. 그들은 이제 그전보다 더 자신의 일상에 분노하고 울분을 참지 못한다. 다시 싸우고 불평하면서 살았던 대로 살아간다.

싱어를 찾아와 자신의 마음을 털어놓던 사람들은 앞으로 혼란스런 시기를 더 보내야 할 것이다. 그들에게는 무조건 들어주며 평온함을 찾아주던 싱어라는 안식처가 없어졌기 때문이다.

죽음을 택한 싱어에게서 우리는 그가 혼자서 겪었을 외로움과 채워질 수 없는 상실감을 보게 된다. 그는 말하지 않았고, 말할 수 없었다. 그의 수화를 사람들은 알아듣지 못했을 것이며, 종이에 그 깊은 고독감을 다 쓸 수도 없었을 것이다. 그럼에도 싱어가 그들을 품어줄 수 있었던 까닭은 그에게 안토나포울로스라는 존재가 있었기 때문이다. 싱어는 대화할 수 있는 친구가 있었기 때문에 깊은 외로움을 견디며 자신을 찾아오는 사람들의 말에 귀를 기울일 마음의 여유를 가질 수 있었던 것이다.

이제 싱어의 마음을 헤아리며 우리 자신에게 몇 가지 질문을 던져보자.

책으로 치유하는 시간

나는 의지할 사람이 있는가. 나는 안토나포울로스와 같은 함께 있는 것만으로도 힘이 되는 친구가 있는가. 나는 누군가에게 싱어와 같은 사람이 되어주고 있는가.

그리고 나는 지금 싱어처럼 한 가닥 희망에 의지하며 모진 외로움을 견디고 있지는 않은가.

만약 그렇다면 그 희망이 사라졌을 때 대체할 수 있는 다른 희망이 있어야 할 것이다. 싱어에게는 희망이라는 것이 없었다. 그는 평생을 소리 내어 말하지 못했으므로 늘 혼자만의 세계 속에서 살았다. 그러나 친구로 인해 죽기 전 10년 동안 행복할 수 있었고, 그 친구가 없어지자 더 이상 살아갈 의미가 없었던 것이다.

아주 사소한 것이라도 의미를 둘 수 있는 것이 많아야 한다. 하나를 잃으면 다른 것으로 대치할 수 있도록 많으면 좋다. 거기서부터 다시 시작할 수 있는 용기를 얻을 테니 말이다.

우 리　모 두 는
결 국　타 인

《정갈하고 밝은 곳》

가끔 사람들에게서 느껴지는 이질감 때문에 더 외로운 경우가 있다. 아무리 친밀해도 돌아서면 각자의 삶 속으로 들어가므로 결국 혼자만의 공간을 감당해야 한다. 사람들은 누구나 저마다의 고독을 짊어지고 있다. 그것을 인정하지 않으면 배신감은 자주 찾아온다.

어니스트 헤밍웨이의 소설 《정갈하고 밝은 곳》에 나오는 고독한 두 사람을 보면 이 상황이 잘 이해된다. 한 사람은 현재 절망에 빠져 있고, 다른 한 사람은 그 절망보다는 자신의 현실이 힘들어서 다른 이의 절망에 아무것도 해줄 수 없다.

한 노인이 카페에서 술을 마시고 있다. 밤이 깊어서 손님이라고는 노인뿐이다. 두 명의 웨이터가 노인을 지켜보고 있다. 한 명은 젊고, 한 명은 그보다 나이가 많다. 그들은 노인이 지난주에 자살을

책으로 치유하는 시간

시도했었다는 이야기를 하고 있다. 노인은 절망에 빠져 자살을 선택했지만 그를 지켜보는 웨이터들은 노인의 절망보다는 카페 문을 닫는 시간에 더 관심을 쏟는다.

노인이 갈 생각을 하지 않고 브랜디를 더 주문하자 집에 가서 쉬고 싶은 젊은 웨이터는 그만 가주었으면 하는 티를 노골적으로 드러낸다. 그러나 나이 든 웨이터는 노인에게 측은함을 느낀다. 결국 노인은 젊은이의 재촉에 계산을 하고 카페를 나간다. 두 웨이터는 카페를 정리하고 퇴근한다. 나이 든 웨이터는 집으로 가지 않고 다른 술집으로 간다. 그러나 주문을 하지 않고 자리를 뜬다. 그는 불면증이 있는 자신이 아침이 밝아올 때쯤 잠이 들 거라고 예상한다.

이 소설은 나이가 들면서 느끼는 무력감이라는 실존적 고민을 말하고 있다. 노인과 나이 든 웨이터는 다른 나이대를 살고 있지만 젊지 않다는 공통점을 갖고 있다. 나이가 들면 삶의 희로애락을 모두 맛보고 젊음이 시들어가는 데서 오는 무력감과 쓸쓸함을 느끼게 된다. 그래서 나이 든 웨이터는 젊은 웨이터와는 달리 노인의 심정을 더 헤아릴 수 있다. 그러나 젊은 웨이터는 자살을 시도한 측은한 노인임에도 나의 일이 아니면 상관없다는 생각에 야박하게 군다.

이들의 카페는 조명이 밝고 청소가 잘 되어 있다. 나이든 웨이터는 환하고 정갈한 이 카페를 좋아한다. 이곳에서 일하는 시간에는 자신의 현실적 어려움에서 조금 벗어날 수 있으므로 퇴근시간에 민감하지 않다. 여기서 나가봤자 이곳보다 어두운 자신의 집으로 가야 하기 때문이다.

나이 든 웨이터는 노인의 사정을 자세히 알지 못하지만 자살했었다는 사실만으로 그를 가엾게 여긴다. 그가 절망에 빠진 노인을 이해할 수 있는 것은 경험을 통해 절망이라는 감정과 상황을 알기 때문이다. 모든 사람이 다른 사람들의 상처를 진심으로 이해하는 것은 아니다. 다만 자신의 경험이 그것을 가능하게 해준다. 상처를 받아 본 적이 없는 사람은 다른 사람의 상처를 알아보지 못하며 진정으로 이해하는 것은 불가능하다. 젊은 웨이터처럼 말이다.

나이든 웨이터는 자신의 상처 때문에 다소 냉소적이다. 그는 종교가 구원해준다는 것을 믿지 않는다. 그래서 주기도문에서 하느님과 천국이라는 단어를 그런 것은 존재하지 않으며 다 허무할 뿐이라는 의미로 '무' 라고 바꿔 말한다.

그도 노인처럼 행복하지 않다. 물론 그의 불행과 노인의 불행은 같지 않다. 그는 노인이 자살한 이유를 별것 아닐 것이라고 말한다. 왜냐하면 노인은 돈이 많은 사람이며, 그런 사람의 절망감은 별것 아니라고 생각하기 때문이다. 경제적 어려움을 겪고 있는 나이든 웨이터에게 노인의 절망 따위는 한낱 감정의 사치처럼 느껴질 수 있다. 다만 늦은 시간 혼자 카페에 앉아 술을 마시는 그를 보며 그의 무력감을 이해하고 있을 뿐이다.

카페에서 혼자 술을 마시고 있는 노인은 귀머거리다. 젊은 웨이터는 퇴근할 시간이 지났는데도 술을 자꾸 주문하는 노인에게 화가 나서 주문한 브랜디를 가져다주면서 노인에게 지난주에 자살이 성공했으면 좋았을 거라고 노인의 얼굴을 보며 소리 내어 말한다. 노인이 지난주에 죽었더라면 오늘 카페에 오지 않았을 것이며, 자신은 이미 퇴근했을 것이기 때문이다.

그는 노인이 계속 술을 마시게 두자고 말하는 나이든 웨이터에게 자신은 얼른 집에 가고 싶으며, 노인보다 자신의 한 시간이 더 소중하다고 말한다. 그의 태도는 비정하고 이기적이며 연민이라고는 조금도 찾아볼 수 없다. 아직 삶의 경험이 많지 않은 젊은 그에게는 노인의 행동이 단지 민폐로 느껴질 뿐이다.

나이 든 웨이터는 자신의 절망이 자살까지 했던 노인의 것보다 더 크다고 생각할지언정 적어도 인간적인 면을 갖고 있다. 그는 자신에 대해 그리 희망적이지 않다. 이제껏 믿음과 확신을 가져 본 적도 없고, 더 이상 젊지도 않으며, 불면증이 두려워 늦게까지 밝은 카페에 있고 싶다는 바람을 갖고 있을 뿐이다.

그는 매일 밤 카페를 필요로 하는 사람들이 있을까봐 문 닫는 것을 망설인다. 밤새도록 문을 여는 카페는 많지만 깨끗하고 분위기 좋으며 불빛이 환한 자신의 카페가 사람들에게 위안이 될 것이라고 생각하기 때문이다. 그는 상처를 갖고 있는 자신이 이 카페에서 위로 받는 것처럼 상처받은 사람에게 무엇이 위안을 주는지 알고 있다.

상처는 우리 삶에서 양날의 칼이다. 삶을 정체되게 하지만, 또 한편으로는 인간적인 성숙함을 가져다주기 때문이다. 만일 그가 힘든 적이 없던 사람이라면 노인은 브랜디를 주문하기도 전에 카페에서 내보내졌을 것이다. 하지만 그의 최소한의 배려로 노인은 조금 더 카페에 머무를 수 있었다.

결국 젊은 웨이터의 성화에 노인은 카페를 나가고 그들은 문을 닫고 퇴근한다. 하지만 나이든 웨이터는 집으로 가지 않고 다른 술집을 들른다. 자신만의 공간에서 고독감이 더 커질 것이 두렵기 때문이다. 그러나 그는 그 술집에 오래 머무르지 못한다. 그 술집은 깨끗하지 않았고 환하지도 않았기 때문이다. 그곳은 그가 원하는 위로를 얻을 수 없는 곳이다.

나이 든 웨이터는 모든 것을 경험해본 인물이다. 그는 행복하지 않고, 자신의 절망감을 잘 알고 있으며, 그것을 치유할 능력을 어느 정도는 갖고 있다. 그러나 그도 노인을 구원하지는 못한다. 젊은이의 요구에 노인을 내보내는 데 동의하고 가게 문을 닫았으니 말이다.

나이 든 웨이터의 행동에서 한 가지 생각해볼 여지가 있다. 그가 결국 노인을 카페에서 내보냈다는 사실이다. 만약 젊은이를 먼저 퇴근하게 하고 자신이 카페에 남아 노인을 밝고 환한 곳에서 잠시 힘든 마음을 내려놓고 쉬도록 했다면 노인에게 큰 도움이 되었을 수 있다. 절망에 빠진 사람에게는 그가 원하는 것을 하도록 해주는 작은 배려가 큰 위로가 될 수 있다. 노인은 카페에서 브랜디를 더 마시다 가고 싶어 했지만 결국 머물지 못했다.

불면증을 걱정하는 웨이터와 귀머거리 노인이 밝고 환한 카페에서 함께 밤을 새웠더라면 그 시간만큼은 서로에게 조금은 위안이 되었을 수 있다. 그러나 카페는 문을 닫고 어두워졌다. 어두운 카페를 만든 것은 결국 노인에게는 타인인 두 명의 웨이터다.

책으로 치유하는 시간

나 를 뺀 남 을 위 한
이 타 적 인 삶

《등대로》

고독 속에 침잠해 있으면 주변의 모든 것에 이질감을 느낀다. 또는 주변과의 이질감 때문에 고독해지기도 한다. 그럴 때는 주변의 누구든지 나에겐 '완벽한 타인'이다.

그래서 사람들은 행복하지 못하다. 하지만 어두운 바닷길을 인도하는 등대 같은 사람이 있다면 인생은 다를 수 있다. 그러나 여기서 간과할 수 없는 사실은 이타적인 삶이 본인에게 행복하지 않을 경우도 있다는 점이다. 그럼에도 그런 한 명의 사람이 주변의 많은 사람에게 미치는 영향은 대단히 크다.

버지니아 울프의 소설 《등대로》에는 철저히 이타적인 삶을 사는 한 여인이 등장한다. 겉으로는 현실에 순응하며 살지만 마음은 지치고 황폐함에도 그런 자신의 내면을 드러내지 않고 살아가는 램지 부인이다. 그녀는 여덟 명이나 되는 자녀를 키우며 주부로서 많은 일을 감당하고 있으나 그보다는 남편으로 인해 마음이 고독하다. 하지만 타고난 이타적 성향과 주변 사람들의 고독함을 알고 있기에 드러내지 못하고 늘 지쳐 있다. 램지 부인의 상처는 치유되지 않은 채 그녀 마음속에 남아 있었지만 주변 사람들은 그 사실을 알지 못한다. 모두들 그녀에게 의지하고 그녀는 그것을 기꺼이 책임지고 있기 때문이다.

그녀의 남편 철학교수 램지는 고집이 세고 원칙에 매이는 가부장적인 사람이다. 청년 시절 그는 친구들이 보기에 멋진 사람이었지만 결혼 후 일상에 매여 사는 자신이 더 이상 멋지지 않다고 생각한다. 그래서 방어적인 태도로 더 냉정해졌다. 마치 덜 자란 어른과도 같은 그로 인해 램지 부인은 삶이 힘겹다.

램지는 겉으로 보기에는 괜찮은 가장이다. 그는 25세에 철학책을 썼을 정도로 똑똑한 사람이다. 그리고 현재의 삶에 대체적으로 만족한다. 그에게는 헌신적인 아내와 자식들이 있으며, 사회적으로도 성공했다. 하지만 그는 불만이나 감사함, 또는 현재의 느낌 같은 내면을 고백하지 못하는 도피자다. 다른 사람들에게는 지적이고 너그럽게 보이지만, 가족들에게는 인색하고 자식들에게 매몰차다. 그가 매몰차게 행동하는 이유는 사람은 어렸을 때부터 인생이 쉽지 않다는 것을 배워야 한다고 생각하기 때문이다.

자녀들은 아버지를 미워하고 램지는 그 사실을 알고 있지만 대수롭지 않게 생각한다. 자신을 미워하는 것에 상관없이 멋진 젊음을 뒤로하고 가장의 책임에 매인 것에 대해 자녀들에게 이해받고 동정받고 싶어 한다. 그리고 램지 부인에게 의지해서 자신의 가정이 따뜻하기를 소망한다. 램지 부인은 남편의 의지가 피곤하게 느껴지지만 그녀는 천성적으로 헌신적인 성격이어서 남편의 모든 것을 수용할 뿐 아니라 성공한 남편에 대한 존경심도 갖고 있다. 자녀들은 어머니 램지 부인에게 전적으로 의지하고 깊은 애정을 갖고 있다.

어느 날, 세인트 아이브즈에 있는 램지부부 소유의 여름 별장에 초대받은 손님들이 온다. 이들은 램지부부가 항상 초대하는 사람들로 이들의 공통점은 각자 삶에서 고독함을 갖고 있다는 점이다. 노처녀 화가 릴리 브리스코우는 모든 것에 대해 비판적이다. 그녀는 재능은 있지만 한 장의 그림도 완성하지 못했다. 램지의 친구이며 싱글인 윌리엄 뱅크스는 냉정하고 자신에게 항상 가혹하다. 불행한 결혼생활의 상처를 감추려고 폐쇄적으로 되어버린 서정시인 카마이클, 가난하게 자란 열등감을 감추려고 지적인 체하는 젊은 무신론자 찰스 탠슬리가 그들의 손님이다. 이들은 자신을 초대해준 램지부부에게 고마움을 잘 표현하지 못하고 철없게 행동하지만 램지부인은 이들을 극진히 보살핀다. 이들이 표현하지 않는 이유는 자신의 감정이 우선이고 초대받는 것을 당연하게 생각해서다. 램지부인은 이런 손님들과 남편 램지에게 둘러싸여 있다.

그들의 별장은 바닷가에 있고 배를 타고 조금 나가면 등대에 도착할 수 있다. 램지 부인은 늘 등대를 생각한다. 거기에는 등대지기와 결핵성좌골관절염을 앓고 있는 등대지기의 아들이 있다. 그녀는 한번 들어가면 한 달씩이나 그곳에 갇혀 있어야 하는 그들이 얼마나 답답할까를 헤아린다. 폭풍우가 치는 바다에 대한 두려움, 편지나 신문도 받지 못하고 사람들도 만나지 못하는 외로움에 대해 연민을 갖는다. 그래서 양말을 짜고, 해묵은 잡지 꾸러미, 담배, 집에서 필요하지는 않으면서 자리만 차지하는 것들을 선물로 갖다 주려고 포장해두었다.

램지부부의 아들 제임스가 등대에 가고 싶어 하자 그녀는 갈 것을 약속하지만 결국 가지 못한다. 램지가 날씨가 나쁘다는 이유로 가지 못하게 한 데다 실제로 날씨가 좋지 않았기 때문이다.

제임스는 자신이 등대 이야기를 할 때마다 아버지가 비꼬듯 날씨가 좋지 않으니 가지 말라고 말하는 것에 증오를 느낀다. 가까이에 도끼나 부지깽이가 있으면 가슴에 구멍을 내어 죽이고 싶은 심정이다. 제임스는 아버지가 머리가 좋아서 밉고, 강압적이고 이기적인 것이 밉다. 또 아버지의 흥분한 목소리가 평화를 깨면서 어머니와 자신, 형제들의 소박한 일상을 망치고 있다고 생각한다.

램지 부인은 날씨가 나빠 등대에 가지 못하게 되었으나 가고 싶은 자신의 바람을 말하지 않는다. 그녀는 등대를 자주 바라보며 자신이 평생 등대에 가지 못할 거라고 예감한다.

램지 부인은 감정이 섬세한 사람이지만 그것을 표현하지 않는다. 그래서 주변 사람들과 같이 있어도 마음은 혼자 멀리 떨어져 있다. 그녀는 오랫동안 남편에게 순응하며 살다보니 습관이 되어 모

책으로 치유하는 시간

든 사람에게 순응하고 말을 아끼게 되었다. 하지만 그것은 겉으로 나타나는 모습일 뿐 그럴수록 내면에서는 남들을 절대 받아들이지 않게 되었다. 싸우지도 않고 포기하지도 않으면서 단지 모든 것을 관조하지만 그 방어기제로 사람들이 자신에게 아무런 영향력을 끼치지 않도록 차단한다.

이런 소득 없는 힘겨운 싸움은 많은 가정에서도 일어나고 있다. 치열한 감정싸움에 지치다보면 점점 자신의 주장을 내세우지 않으며 갈등을 조장하지 않으려 한다. 대부분 마음속으로는 동조하지 않지만 드러내봤자 좋을 게 없다는 생각으로 대화를 포기해버린다. 가족 간에 합의가 필요할 때는 오가는 대화가 생략되므로 대부분 주도권을 쥔 사람에 의해 결정된다.

그래서 가부장적인 아버지나 완고한 어머니는 점점 더 견고한 성을 쌓고 자녀들은 그런 부모와 벽을 쌓는다. 결국 가족들은 마음을 닫고 모여 있어도 각자의 공간 속에 부유하는 상태가 되고 만다. 가족의 대화 단절은 이런 형태가 반복되는 결과라 할 수 있다. 가족 구성원들끼리 각자의 입장에서 상처를 주고받는 악순환이 이어진다. 램지 가족처럼 말이다. 램지 가족은 램지 부인이 주도권을 쥐었으면 좋았겠지만 그녀는 절대 그럴 수 없는 사람이다.

이제 10년의 세월이 흐른다. 램지 교수의 가정에는 큰 변화가 있었다. 제1차 세계대전이 일어나 램지 부인이 죽었고, 8형제 중 프루와 앤드루가 죽는다. 램지부부의 여름 별장은 부인이 없으니 사람들이 모이지 않고 돌보는 사람이 없어서 황폐해진다.

어느 날, 카마이클과 릴리가 별장으로 찾아오고, 램지 교수와 남은 자녀들이 돌아온다. 이들은 10년 전의 장소에 다시 모였지만 같은 공간에서 각자 행동할 뿐이다. 따뜻함이나 재미는 물론이고 아무런 일상의 규칙도 찾을 수 없다. 사람들은 비로소 램지 부인의 빈자리를 크게 느낀다. 제임스는 아직도 등대에 가지 못했고, 릴리는 그림을 여전히 완성하지 못했다. 이들은 그저 별장이라는 의미 없는 공간에 머물다가 아무것도 하지 못하고 헤어진다.

다시 몇 년의 시간이 흐른다. 램지 교수와 남아 있는 자녀들과 릴리가 별장에 찾아온다. 램지 교수는 나이를 더 먹어서 기력이 조금 떨어졌다. 이제 그는 가끔 미소를 짓고 냉정한 말투가 조금은 부드러워졌으며 덜 완고하고 덜 편협하다. 이번에는 등대에 가겠다는 제임스를 막지 않는다. 램지 교수는 램지 부인이 오래전에 준비해 두었던 갈색 종이 꾸러미의 선물을 들고 앞장선다. 아들 제임스와 딸 캠이 아버지와 등대로 가는 길에 동행한다. 자녀들은 등대로 가면서 어머니의 부재를 고통스럽게 느낀다. 그러나 그 고통을 묵묵히 참는다. 제임스는 나이 든 아버지가 이제야 조금씩 가엽게 느껴진다.

별장에 혼자 남은 릴리는 별장의 구석구석에서 생전의 램지 부인의 모습을 본다. 그리고 그것을 그림에 담는다. 램지 가족은 등대에 도착하고, 릴리는 그림을 완성한다.

램지 부인은 수많은 어머니의 모습과 다르지 않다. 그녀는 살아 있을 때 냉정한 남편과 자녀들 사이에서 고군분투했다. 그녀는 예

책으로 치유하는 시간

민하고 낙농업이나 병원 경영이 어린시절부터의 꿈이었을 정도로 활동적인 성향도 갖고 있었다. 그러나 램지와 결혼하면서 모든 꿈을 접었다. 이들 가정은 냉정하고 가부장적인 아버지가 중심을 차지하고 있음에도 그녀의 헌신으로 인해 그럭저럭 균형을 이루었다. 그 균형의 중심에서 버텨내느라 그녀는 말할 수 없을 정도로 피곤한 삶을 산다. 별장에 온 손님들조차 자신들의 고독감을 부둥켜안고 있느라 다른 사람들을 돌아볼 겨를이 없지만 램지 부인을 중심으로 휴식을 취할 수 있었다. 하지만 정작 그녀는 자신의 작은 바람인 등대조차 가지 못했다.

이 소설에서 등대는 상징적인 의미다. 램지 부인이 등대에 가고 싶어 하는 이유를 두 가지로 설명할 수 있다. 등대는 일상과 떨어진 먼 곳에 고독하게 존재한다. 램지 부인은 자신의 고독이 힘들어서 동질감이 느껴지는 고독한 장소인 등대에 가고 싶어 했다. 또 하나는 등대지기와 그의 아들에게 선물을 주고 싶었던 것으로 등대는 그녀의 이상향이다. 그녀가 진심으로 하고 싶었던 것은 바로 그런 선물처럼 더 높은 곳에 있는 선함이었다.

하지만 자신의 고독을 달래기 위해 다른 고독을 찾아가지도 못했고 최상의 선을 실천하지도 못했기에 더 고독하고 고단한 삶을 살았다. 결국 작품의 중간에서 죽어버리는 것도 그녀의 상처가 그녀를 좀먹어서 더 이상 생존의 여력이 없었기 때문이다.

사람들은 램지 부인이 죽고 나서야 그녀의 부재를 실감한다. 램지와 제임스 그리고 캠이 등대에 가고, 릴리가 그림을 완성하는 것은 램지 부인의 노력의 결과다. 그녀는 살아있을 때보다 더욱 이들에게 영향을 끼치고 있다. 그러나 이들의 결속은 이쯤에서 그칠지도 모른다. 이들이 결속할 수 있었던 것은 램지 부인의 노력을 통해서였지만 이제 그녀는 없기 때문이다.

이들에게 램지 부인이 없었다면 얼마나 삭막한 삶이었을까. 이들은 주변과의 연결 없이 고독 속에 갇혀 살았을 것이다. 등대에 간 것과 그림의 완성은 램지 부인과 연결되어 있다. 이는 이들의 인생에 터닝포인트가 될 수 있는 변화다. 릴리는 더 이상 표류하지 않고 그림을 계속 그릴 수 있을지 모른다.

램지 부인은 주변 사람들의 인생에 좋은 영향을 끼쳤다. 그러나 램지 부인의 인생은 이타적인 삶이 온전히 남을 향해 있기만 해서는 안 된다는 점을 보여준다. 내가 원하는 것을 적극적으로 소유하고 그것을 즐기면서 이타적일 수 있다면 이상적일 것이다. 나의 상처를 그대로 두고 이타적인 삶만 추구하면 결국 램지 부인처럼 불행하다.

램지 부인은 버지니아 울프의 어머니가 모델이었다. 버지니아 울프는 그런 어머니를 보면서 행복하지 않았다. 능력 있는 작가였던 그녀에게 평생 따라다녔던 우울과 그녀의 불행한 죽음은 이것과 무관하지 않았을 것이다.

우리의 어머니들도 램지 부인처럼 살았다. 그렇게 살지 않으면 비난을 받는 사회 분위기 속에서 많은 상처를 받으며 이타적으로 살 수밖에 없었다. 그래서 우리의 눈에 비친 어머니들의 삶은 그다지 행복해 보이지 않는다. 또한 램지 교수와 손님들의 모습이 우리의 모습일 수 있다. 그래서 때때로 우리가 사랑하는 사람이 우리를 위해 삶에서 많은 것을 희생하고 있는 것은 아닌지 살피고 배려하는 마음을 가질 필요가 있다.

상실의 기억은 우리를 고독 속에 머물게 한다. 나만의 시간과 공간 속에서 자신을 단련하는 것이 바로 고독한 상태다. 고독을 받아들이지 못하면 상처를 치유할 수 없다. 상처의 치유는 자신의 의지로만 가능하기 때문이다. 그래서 고독을 온전히 견뎌내면 상실감은 상처로 전이되지 않는다.

CHAPTER 4

우리는 자신이 속한 세상에서
완전히 자유로울 수 없다

역사를 둘러보면 살기 어려웠던 시대는 계속 존재했고 지금도 지구상에는 그런 지역이 있다. 영화나 드라마에서 고난의 시대를 배경으로 한 주인공들의 고단한 삶을 보면 저 불행한 시대에 태어나지 않은 것이 다행스럽게 느껴지기도 한다.

김훈의 소설 《칼의 노래》나 《남한산성》을 읽고 책을 덮을 때는 감동이 느껴지는 한편으로 전란으로 고통받던 그 시절이 지금이 아니어서 행운처럼 느껴진다. 비록 지금은 수많은 사회적 문제가 산적해 있더라도 내가 살고 있는 이 시대에 감사하고 싶다. 그러나 돌아보면 우리 역사에 험난했던 시절이 임진왜란과 병자호란뿐인가? 일제강점기, 6.25전쟁으로 이어지는 암흑기도 존재했다. 세상의 모든 이념과 종교, 이권이 불러오는 갈등으로 벌어지는 혼란 속에서 가장 큰 피해자는 힘없는 개인이다.

거대한 조직에 속해 있을수록 작은 개인은 철저히 약자가 된다. 아무리 개인의 의지가 강하다 해도 그것의 영향을 벗어날 수 없다.

미국과 멕시코 국경지역에 노갈레스라는 도시가 있다. 도시는 반으로 나뉘어 있는데 한쪽은 미국의 애리조나주에 속하고, 한쪽은 멕시코에 속한다. 노갈레스의 양쪽은 문화도 같고 조상도 같은데 단지 소속되어 있는 나라가 다름으로 인해 소득 격차가 매우 크다. 미국 쪽 지역의 GNP는 3만 달러인데 반해 멕시코 쪽 지역은 1만 달러에 불과하다. 담 너머 옆집인데도 어디에 속해 있는지에 따라 살림살이가 달라진다. 물론 이것은 그곳에 사는 사람들 개개인의 행복의 질은 아니다. 그러나 우리는 누구나 자신이 속한 세상의 환경에서 완전히 자유롭기는 어렵다.

자유롭지 못했던 사람들이 자유를 갖게 되면 통제받지 않는 느슨함을 낯설어한다. 무엇을 할 때마다 이걸 해도 되는가를 생각하고 지금 누리고 있는 자유로움이 한시적일까 두려워한다.

국가의 위기를 경험하지 못해서 내 조국의 의미조차 진지하게 생각해보지 않은 사람들과 주권을 빼앗겨본 국가의 국민들의 삶은 다르다. 실직을 해도 1년 넘게 풍족한 실업수당을 주는 국가의 국민들과 가족을 데리고 정처 없이 떠도는 난민들의 삶은 절대 같을 수 없다.

살아가기 어려운 환경에서는 수많은 상처를 동반한 비극과 온전히 맞닥뜨리게 된다. 그리고 힘없는 개인은 어쩔 수 없이 상처 속으로 휘말려 들어간다.

조직 앞에서 개인의 신념이 짓밟힐 때

《개선문》

에리히 레마르크의 《개선문》은 개인과 세상의 관계 속에서 철저히 약자일 수밖에 없는 인간의 모습을 보여준다. 거대한 이념의 장벽 앞에서 인간의 권리는 아무런 힘을 갖지 못하고 개인은 그 소용돌이에 이리저리 휩쓸려 다닌다. 그로 인한 상처는 겪어보지 못한 사람은 상상도 할 수 없을 만큼 크고 깊다.

독일의 외과 전문의 라비크는 유능한 의사다. 아무 일만 없었다면 세상의 어둠이라고는 모르며 안정적인 삶을 살았을 것이다. 그러나 나치 세력이 독일을 지배하자 그의 운명이 바뀐다. 그는 친구가 게슈타포에 쫓기게 되자 숨겨주었다가 도망가도록 돕는다. 라비크는 체포되어 무자비한 고문을 받지만 친구에 대한 정보를 넘기지 않는다. 그는 이념이나 국가의 정책보다 우정을 소중하게 생각하는 사람이다. 그가 입을 열지 않자 게슈타포는 그의 애인인 시빌을 데려와 그가 보는 앞에서 고문한다. 시빌은 끝까지 버티지만 결국 수용소에서 자살한다. 시빌의 고문 받던 모습은 그의 머릿속에서 떠나지 않는다.

라비크는 독일을 탈출하여 파리로 가서 불법체류자로 살아간다. 베베르라는 의사의 병원에서 어려운 수술을 해주고 돈을 받아서 생계를 해결한다. 베베르는 좋은 사람이고 책임감 있는 의사로 라비크의 실력을 인정하며 인간적이고 진실하게 대해준다.

라비크는 우연히 만난 여인 조앙 마두를 도와주면서 가까워진다. 그녀는 아름답고 선량하지만 변하기 쉬운 사랑 이외에는 관심이 없는 단순한 여자다. 그녀가 라비크에게 진실로 행복했던 적이 있는지를 자주 묻지만, 인생은 행복하지 않은 때가 훨씬 더 많음을 그는 이미 알고 있다. 조앙과의 사랑에 아무것도 걸지 않으려고 하는 라비크는 그녀의 주변에서만 머문다.

라비크는 수술을 해주고 받는 돈으로 생활하기에는 큰 어려움이 없지만 파리 생활이 힘겹다. 합법적인 신분을 갖지 못해 늘 불안하고 주거지를 자주 옮겨 다녀야 한다. 또 독일 의사자격증만 갖고 있을 뿐 파리에서는 정식 의사 자격을 갖지 못해 어려운 수술만을 맡아 수술실에 몰래 드나들어야 하는 불안정한 생활을 이어간다. 그러면서도 라비크는 의사로서의 본분과 품위를 잃지 않는다. 진심으로 환자를 위하고 그들의 고통에 공감하며, 파리에 와서 알게 된 친구들에게 최선을 다한다. 그가 낙태 수술을 해준 많은 창녀들은 그를 존경한다.

라비크는 자신을 고문하고 시빌을 죽게 한 경찰 하아케에게 언젠가는 복수를 하겠다고 결심한다. 그리고 어느 날, 우연히 파리의 거리에서 하아케를 본다. 라비크는 복수를 실천에 옮기려고 치밀하게 계획을 세우고 자신을 알아보지 못하는 하아케에게 접근하여 그를 잔인하게 죽인다. 그리고 오랫동안 자신을 괴롭혀온 고통스런 기억 속에서 빠져나옴을 느낀다. 이제 복수를 실현했고 시빌의 고통스런 얼굴을 조금은 지울 수 있게 되었지만 그럼에도 조국인 독일에 갈 수 없는 처지다. 이미 전쟁의 기운이 전 유럽을 뒤덮고 있는 상황이다.

독일은 선전포고를 하고 제2차 세계대전이 시작된다. 그는 어둠 속에서 개선문을 보며 전쟁이 없는 밝은 날의 태양 아래서 그것을 볼 수 있을까라는 의문을 갖는다. 라비크의 안전은 어디서도 보장받을 수 없다.

라비크는 성실하고 유능한 사람이지만 시대적 상황과 국가의 야망이 그의 삶을 짓밟았다. 그는 의사를 천직으로 알고 환자를 성심껏 치료했으며 친구와의 우정을 지키기 위해 목숨을 걸 만큼 정의롭다. 그러나 그의 훌륭한 인품과 정의감도 국가의 정치적 이념 앞에서는 아무런 의미가 없다. 라비크의 조국은 개인의 선함과 정의 같은 것은 헌신짝처럼 내팽개쳤다. 라비크는 참혹한 상처를 안고 예측할 수 없는 미래를 살아야 한다.

모든 사람은 인간으로서 자신의 의지대로 살 권리가 있다. 그러나 한 가지 간과할 수 없는 사실은 누구나 자신이 살고 있는 시대와 환경에서 완전히 자유로울 수 없다는 점이다. 그렇다면 시대의 요구에 맞춰서 살아야 이방인이 되지 않는 것일까. 휘둘리지 않으며 살되 사회와 환경에 어느 정도의 타협점을 모색하는 것이 바람직하다면 라비크는 친구를 숨겨주지 말아야 했을까. 또 친구에 대한 정보를 넘겨야 했을까.

그랬다면 과연 라비크는 행복할 수 있었을까. 그것이 진정 상처에서 자유로워질 수 있는 길이었을까. 그러나 라비크는 그럴 수 있는 사람이 아니다. 그가 정보를 넘겨주었어도 그는 행복할 수 없었을 것이다.

자신의 의지가 아닌 외부의 환경으로 인한 상처는 고스란히 개인의 몫으로 다가온다. 그래서 삶은 언제나 풀기 쉽지 않은 어려운 숙제다.

이념 앞에서 하찮은 존재로 전락한 개인

《25시》

세상으로부터의 상처에 관한 작품으로 루마니아 작가 콘스탄틴 게오르규의 소설 《25시》를 빼놓을 수 없다. 이념이 우선시 되는 세상에서 주인공 모리츠의 삶은 참혹하게 유린당한다.

소설의 시대적 배경은 제2차 세계대전의 전운이 감돌던 시기로 루마니아가 독일과 동맹을 맺고 구소련에 대항하고 있는 시점이다.

루마니아 국민인 요한 모리츠는 25세의 가난한 농부다. 그는 순수하고 잔꾀를 부릴 줄도 모르고 우직하게 일만 한다. 모리츠는 아름다운 수잔나를 사랑하는데 하루빨리 돈을 많이 벌어 결혼하려는 꿈에 부풀어 있다. 그러나 순수한 수잔나는 돈보다 사랑을 중요하게 생각한다. 모리츠와 수잔나는 돈을 많이 벌지 못했지만 서로 사랑하기 때문에 결혼해서 두 아이를 낳고 행복하게 살아간다. 그러

책으로 치유하는 시간

나 수잔나에게 관심을 갖고 있던 헌병대장 때문에 그들의 행복에 먹구름이 끼기 시작한다.

당시는 나치의 세력이 강해 유대인을 수용소로 보내던 시기였다. 헌병대장은 수잔나를 차지하기 위해 유대인도 아닌 모리츠를 유대인으로 몰아 강제수용소로 보낸다. 모리츠는 자신은 유대인이 아니라 기독교를 믿는 루마니아인임을 기회가 있을 때마다 주장했지만 받아들여지지 않는다.

당시는 혼란스러웠고 개인 사정을 고려할 만큼 정부는 유연하고 너그럽지 않았다. 계급도 높지 않은 일개 헌병대장의 근거 없는 보고는 여과 없이 받아들여지고 평범한 사람의 인생 따위는 어떻게 되든 전혀 중요치 않은 시대였다.

유대인의 재산을 국가에서 몰수하던 때여서 모리츠의 아내 수잔나는 재산을 빼앗기지 않기 위해 서류상 이혼을 한다. 수용소에서 이혼통지서를 받은 모리츠는 상황을 전혀 알지 못하기에 절망에 빠진다. 그는 절망적인 심정으로 함께 있던 유대인 의사와 함께 목숨을 걸고 탈출하여 헝가리로 간다.

자유를 찾아 헝가리로 피신했지만 그곳도 안전한 곳이 아니었고 안락한 삶은 보장되지 않았다. 헝가리에서 자유의 몸으로 있던 시간은 얼마 안 되고 모리츠는 다시 체포되어 이번에는 간첩 누명을 쓰고 심한 고문을 받는다. 그는 자신의 의지와 상관없이 점점 불행의 나락으로 떨어진다. 그즈음 독일정부가 헝가리에 노동자를 요청하여 많은 죄수가 독일로 팔려간다. 모리츠도 여기에 포함되어 독일로 옮겨진다.

독일로 간 모리츠는 나치의 군복에 달 단추를 만드는 공장에서 일한다. 그곳에서 특이한 사람을 만나는데 인류학자인 독일군 대령이다. 그는 평소 인간의 혈통에 관심을 갖고 있었는데 모리츠를 보자마자 그의 골상이 특이하다고 생각한다. 결국 대령은 모리츠가 유대인이 아니라 순수한 독일 혈통이라고 판정을 내린다.

이것은 이 비극적인 소설에서 가장 희극적인 사건이다. 말도 안되는 판결에 한 사람의 인생이 바뀌어버린다. 대령의 말 한마디로 모리츠는 유대인에서 독일인으로 바뀐다. 그가 아무리 주장했어도 받아들여지지 않던 사실이 전혀 근거 없는 통계에 의해 진실로 인정된 것이다.

모리츠는 이제 독일인이 되어 포로 신세를 벗어나 특무부대에서 포로를 감시하는 보초를 선다. 그리고 그곳에서 간호사인 힐다와 결혼해 아들을 낳는다. 그는 비로소 평안한 삶을 살지만 왠지 불안감을 떨치지 못한다. 모리츠는 보통의 행복을 누리는 것이 더 이상 익숙하지 않고 오히려 불행이 익숙해져버렸기 때문이다.

얼마 지나지 않아 독일이 전쟁에서 패한다. 모리츠의 입장에서는 차라리 유대인으로 살았으면 괜찮았겠지만 얼마 동안 독일인이 되어 있었기에 패전국의 국민이 된다. 그는 자신이 어느 혈통이든지 안전하지 못하고, 루마니아도 독일도 다 자신의 조국이 아니라고 생각한다. 결국 미국을 선택하고 미군이 점령하고 있는 지역으로 탈출한다. 그러나 미국은 그의 선택과 상관없이 모리츠가 루마니아 사람이라는 이유로 포로수용소로 보낸다. 모리츠는 이제 절망의 순간조차 익숙하다. 그리고 간호사 아내 힐다와 아들이 죽었다는 소식까지 듣는다.

전쟁이 끝났지만 모리츠는 독일 특무부대에서 보초를 섰던 과거의 행적이 발목을 잡는다. 전범으로 뉘른베르크에서 재판을 받고 수용소 생활을 하다가 석방되어 고향으로 돌아온다. 그가 집을 떠난 지는 13년이 되었고, 그동안 수많은 수용소를 거쳤다.

고향에서는 수잔나가 그를 기다리고 있었다. 그녀는 그 사이 소련군에게 강간을 당하여 아들을 출산했다. 이것은 받아들이기 어려운 현실일 수 있지만 온갖 풍파를 거쳐온 모리츠에게는 있을 수 없는 일이 아니었다. 그는 수잔나가 낳은 아이를 기꺼이 자신의 아들로 받아들인다.

그런데 모리츠의 불운은 여기서 끝나지 않는다. 동유럽에 살고 있는 모든 외국인을 수용소에 보내라는 연합국측의 명령으로 모리츠는 석방된 지 18시간 만에 다시 수용소로 보내진다. 그는 이번에는 소련군이라는 새로운 적 앞에서 두려움을 느낀다. 그래서 가족을 살리겠다는 신념을 우선으로 하고 조국을 버리기로 한다. 그는 이제부터 자신에게 조국은 미국이라는 생각으로 미국의용군에 자원입대한다.

그 후 미국이 설사 그에게 보통의 삶을 주었다 해도 그의 의지와 전혀 상관없이 그의 삶을 할퀴고 지나간 그간의 상처는 그의 삶에서 영원히 지워지지 않을 것이다.

소설에서는 모리츠의 생각을 알 수도 없고 중요하지도 않다. 그는 그저 많은 국가 사이에 끼어 있는 개인 피해자일 뿐이다. 그의 과거와 현재, 미래는 전혀 중요하지 않고 그의 생각도 마찬가지다. 그는 국가를 구성하는 부속품처럼, 또는 흘러가는 상황에 누군가는 있어야 하듯 그렇게 존재할 뿐이다. 모리츠의 인생은 그가 어떤 사람인가를 보여주는 것이 아니라 그가 속해 있던 세상이 어떤 것인가를 보여준다. 그 세상 안에서 모리츠는 바닷가의 수많은 모래알처럼 흔하고 아주 작아서 잘 보이지도 않는 존재일 뿐이다.

세상은 개인이 없어도 굴러가고 태양은 여전히 떠오른다. 직장에서, 조직에서 내가 없으면 잘 돌아가지 않을 것처럼 느껴지지만 실제로는 내가 떠나도 여전히 잘 굴러가고 아무 문제가 없다. 개인에게 자신이 몸담고 있는 조직은 의미가 크지만 조직의 입장에서 개인은 그냥 한 구성원일 뿐이다. 그래서 조직에 너무 많은 기대를 한다면 개인은 결국 상처를 받을 뿐이다.

큰 재난이 일어났을 때 뒤늦은 대처와 수습 과정에서의 문제로 생기는 분노는 국가가 당연히 국민들을 보호해 줄 것이라는 믿음이 배신당했기 때문이다. 과거 해방된 조국에서 사람들은 이제는 친일파를 몰아내고 애국자들이 빛을 보고 잘살게 될 거라고 기대했지만 현실은 오히려 그 반대가 되었다. 그 후유증이 사회에 깊은 뿌리를 내리며 그로 인한 분노와 불신이 더해져서 우리 사회에 깊은 상처를 남겼다.

무엇에 큰 기대를 걸고 기댈수록 실망은 크고 상처는 깊은 법이다. 개인의 의지가 힘을 내지 못할 때 상처는 더 깊어진다. 하지만 그렇다고 해서 기대지 않고 살 수는 없다. 우리는 사회적 환경에서 성장했고 사회는 개인적 발전의 토대가 되기 때문이다.

우리는 속해 있는 조직에서 정체성을 찾고 증명한다. 그러므로 막강하고 거대한 조직이 나를 위해 무엇인가를 해줄 것을 믿더라도 내 것의 여지를 남겨두어야 한다. 모리츠가 집을 떠나 13년간의 혹독한 시간 속에서 그나마 행복했던 순간들은 수잔나보다는 덜 사랑하긴 했지만 힐다와 함께한 결혼생활에서였다. 그는 그때 잠깐의 안락함과 자신의 존재가치를 느낄 수 있었다.

우리가 조직에 속해 실망하고 분노하면서도 고스란히 내 몫으로 남겨지는 상처를 감당하려면 나의 것을 지켜야 한다. 행복을 가져다주는 소소한 일상을 단단히 쥐고 있지 않으면 결국 상처만 고스란히 남게 된다.

일을 과도하게 시키는 회사에 충성하느라 가족을 소홀히 한 사람과 회사에 충성하면서 가족에게도 인심을 잃지 않은 사람의 인생은 다르다. 개인의 사생활을 신경 쓰지 않는 회사라는 조직에 속해 있어도 모두가 불행한 것은 아닌 이유는 이런 차이 때문이다. 그를 대하는 가족의 태도와 자신의 만족도가 합쳐져서 행복과 불행이 결정된다. 삶의 질은 우리가 속한 세상에서 내가 어떻게 처신하는가에 따라 달라질 수도 있다. 그리고 우리는 지금 모리츠가 살던 세상과는 비교할 수 없는 환경 속에서 살고 있으니 말이다.

같은 환경에서도 행복한 사람이 있고 불행한 사람이 있다. 삶의 질은 어디에서 살고 있는가가 아니라 어떻게 살고 있는가로 말할 수 있다. 내가 속한 세상이 나를 속일지라도 정당하게 분노하고 내 것을 소중히 지켜내면 그것이 곧 가치 있는 삶이 된다.

CHAPTER 5

이념과 대중의 폭력에
상처 입은 피해자들

사람들은 각자 자신이 믿고 싶은 것을 믿는다. 그게 정의든 불의든 자신이 믿고 있는 것이 옳다고 믿고 싶어 한다. 그러나 어떤 이념을 갖고 있는가에 따라 개인의 운명이 결정되던 시절이 있었다. 옳고 그름도, 억울함도 모두 역사의 몫으로 돌아가고 나면 결국 개인은 자신의 상처를 온전히 끌어안고 살아야 했다.

세계 4대 성인 중 한 명이자 플라톤을 비롯하여 따르는 제자가 많았던 철학자 소크라테스는 신을 부정하고 아테네 젊은이들을 타락시켰다는 죄목으로 고발당했다. 영혼을 이야기하고 철학을 토론했으며 전쟁에도 네 번씩이나 참전해 열심히 싸웠던 그에게 씌워진 죄목은 '젊은이들을 타락시키고 신을 믿지 않았다'는 것이었다. 펠로폰네소스 전쟁에서 스파르타가 승리하고 새롭게 등장한 아테네의 지배자들에게 소크라테스는 눈엣가시였다. 아테네를 대표하는 정신적 스승으로 추앙받으며 그를 따르는 사람이 많았기 때문이다. 소크라테스는 새로운 정치체계를 세워야 할 사람들에게는 없어져야 할 인물이었다.

그의 재판은 아테네의 아레오파고스 언덕에서 열렸는데 500명의 배심원들이 두 번에 걸쳐 투표를 했다. 첫 번째는 근소한 표 차이로 사형이 결정되었고, 두 번째는 큰 표 차이로 사형 결정이 내려졌다. 결국 소크라테스는 한 달 후 독을 마시는 사형에 처해졌다.

그는 얼마나 억울했을까. 돈 한 푼 받지 않고 사람들을 가르쳤고, 욕심을 부려 재산을 모으지도 않았으며, 누군가를 중상모략하지도 않았다. 그런데 국가는 그에게 사형을 판결했다. 하지만 그는 기꺼이 죽음을 받아들였다. 그러나 사실상 그는 이념의 피해자며 다수로부터의 피해자라 할 수 있다.

　개인의 생각이 권력자들이나 다수의 이득에 부합하지 않으면 개인은 피해를 볼 수밖에 없다. 운보 김기창 화백은 일제강점기에 조선학도병 격려포스터를 몇 점 그린 관계로 친일파로 몰렸다. 음악가 안익태는 만주국 창설기념음악회에서 지휘대에 섰다가 친일파가 되었으며, 시인 정지용은 그가 쓴 주옥같은 시들은 간과되고 단지 '이토'라는 시 한 편 때문에 친일파가 되었다. 창씨개명을 하고 조국의 언어 사용마저 제한을 받던 고단한 시절에 그들은 모순투성이의 현실에 치이며 처연하게 살아야 했다. "친일도 배일도 못한 나는 산수에 숨지 못하고 들에서 호미도 잡지 못하였다"는 정지용의 슬픈 고백은 시대의 아픔이 개인에게 준 상처를 그대로 보여주고 있다.

발 붙일 곳 없는
이념의 피해자

《광장》

이념으로 자신의 의지와 상관없이 피해를 입고 상처투성이의 삶을 살아야 했던 인물이 있다. 1960년에 발표된 최인훈의 소설 《광장》은 두 가지의 대립된 이데올로기로 상처받은 개인의 이야기다.

이명준의 아버지는 좌익 활동을 하다 해방 후 북쪽으로 갔다. 남쪽에 함께 있던 어머니가 돌아가시고 혼자가 된 명준은 아버지 친구의 집에서 지내며 경제적 도움을 받아 대학을 다닌다. 그 집 아들인 태식과는 또래로 오랜 친구 사이다. 그러나 명준은 북에서 활동하는 아버지로 인해 경찰조사를 받게 되고 조사 과정에서 치욕스러움과 공포를 느낀다. 그는 경찰서에서 풀려났지만 공포의 기억은 사라지지 않는다. 명준은 남쪽에서의 삶이 더 이상 희망이 없다고 생각해 사귀던 윤애를 두고 월북한다.

책으로 치유하는 시간

북에서 만난 아버지는 육친의 정을 느끼기엔 너무 오랫동안 떨어져 있었다. 재혼하여 일상의 삶을 사느라 혁명가로서의 카리스마가 없어진 아버지는 명준에게 줄 수 있는 것이 별로 없다. 북에 정착하여 노동신문 편집부에 근무하며 취재를 다니는 명준은 뼛속까지 자유인이어서 그의 취재와 기록은 자아비판의 대상이 된다. 체제와 이념은 그를 다시 괴롭힌다. 발레리나 은혜와 사랑에 빠지지만 사랑도 그를 구원해주지 못한다.

6.25 전쟁이 일어나고 그는 북한군이 되어 점령된 서울에 온다. 취조실에서 반공활동을 하다 잡혀온 태식을 만나고 윤애가 태식과 결혼했음을 알게 된다. 잡혀온 사람들에게 잔인한 고문을 가하면서 자신의 어정쩡한 이념이 좌익으로 확고하게 기울어지기를 갈망하지만 그는 이쪽도 저쪽도 아닌 것에 고뇌만 깊어진다. 낙동강 전선에서 간호병으로 일하는 은혜를 다시 만나 마지막 열정을 쏟아내듯 불같은 사랑을 하지만 은혜는 폭격으로 죽고 그는 포로가 된다.

전쟁이 끝나고 포로 석방 과정에서 명준은 북도 남도 아닌 중립국을 택한다. 그리고 배를 타고 인도로 가는 도중 바다에 뛰어들어 삶을 마감한다.

명준의 불행은 거대한 쓰나미처럼 피할 수 없는 재해와도 같다. 자신이 원하지도 않았고, 선택하고 싶지도 않았던 이념이라는 프레임에 갇혀 벗어나지 못한다.

명준은 아버지와 어머니의 부재로 남쪽에서 고아가 되었지만, 이미 부모에게 의존할 나이가 아니었다. 부유한 아버지 친구의 도움으로 경제적 어려움도 겪지 않았다. 그는 돈의 가치와 절박함을 모르는 젊고 가난한 철부지 책벌레였다. 그때 갑자기 나타나 자신을 곤경으로 몰아가는, 존재조차 어렴풋한 아버지라는 존재는 느닷없는 재앙이었다.

명준은 얼마 전까지의 보통의 삶에서 하루아침에 바뀌어 잘못도 없이 취조실에서 취조를 당하는 자신의 처지를 이해할 수 없다. 명준을 취조하는 형사들은 모두 일제강점기 시절의 형사로 그들은 빨갱이를 잡는 것은 지금이나 그때나 다름없다고 말한다. 일본 제국주의는 반공이 이념이므로 둘은 같다라는 삼단논법을 펼치며 지금보다 그때가 좋았다고 말하는 형사들의 이야기 속에서 명준은 모순을 발견하고 현재 자신이 속한 곳에서의 안전을 확신하지 못한다. 이념을 가르는 것은 똑똑하거나 투철한 사명감을 가진 집단이 아니라 그저 어쩌다 힘을 갖게 된 사람들이라는 것을 비로소 알게 된다.

남쪽에 실망해 북으로 간 명준은 그곳에서 투철한 이념이라고는 찾아볼 수 없는 잿빛 공화국을 목격한다. 그가 처음 북쪽 사람들 앞에서 강연을 하게 되었을 때 강연 원고는 당 선전부의 의도대로 여러 차례 수정을 거쳐야 했다. 결국 원고는 굳이 명준의 입을 빌리지 않아도 되는 의례적인 말로 바뀌었다. 강연을 들으러 와서 앉아 있는 사람들의 얼굴에는 아무런 감동도 없고, 혁명공화국에 살고 있는 열정 어린 시민의 얼굴이 아니었다. 그들은 감동을 할 때조차 자율적인 언어가 아니라 똑같은 말을 일제히 했다. 《볼셰비키 당사》 속에 있는 말들을 그대로 썼고, 확고한 이념은 찾아볼 수 없는 판에

박힌 말들을 썼다. 그것이 그들이 갖고 있는 최대한의 지식이고 교양이었다. 그들은 모든 것을 흉내만 낼 뿐 스스로 만들어내거나 우러나오는 감정은 없었다. 혁명을 꿈꾸지만 그게 무엇인지 알지 못했다. 명준은 그들의 실상을 보고 절망감을 느끼며 이제 무엇을 해야 하는지 자신에게 질문을 던진다.

명준은 만주에 가서 조선인들의 집단농장 생활을 취재한 기사를 쓴 후 자아비판을 받는다. 그곳 사람들이 일제강점기 시대의 군복을 입고 있다는 사실을 보도했기 때문이다. 당은 인민의 생산 수준에 대해 회의적인 보도를 한 것은 부르주아적 인텔리 근성이라고 몰아세운다.

명준은 보도의 리얼리즘에 대해 주장하지만 자신의 말을 듣는 그들의 얼굴에서 잔인함을 보게 된다. 하지만 결국 잘못을 인정하고 당과 정부가 바라는 일꾼이 되겠다고 그들에게 약속한다. 이렇게 명준은 북쪽에서 목숨을 부지할 수 있는 처절한 처세법을 배워 나간다.

그는 남쪽과 북쪽에서 사랑을 했지만 모두 이루지 못한다. 그가 낙동강전선에서 은혜와 사랑을 나누는 대목은 절박하다. 마치 이것마저 하지 못하면 아무것도 이룬 것이 없을 듯한 절박함이다. 은혜가 죽었다는 소식을 들었을 때 명준은 이제 자신에게 아무것도 남은 것이 없음을 깨닫는다.

전쟁이 끝나고 송환 등록이 시작되었을 때 그는 제3국으로 갈 수 있다는 소식이 자신을 위해 마련된 길이라고 생각한다. 아버지의 생사는 알지 못하지만 설령 살아 있다 해도 그것만으로 북쪽을 택하기에는 명분이 약하다. 아버지는 아버지대로 살아갈 것이며, 효도 같은 것을 하기엔 현실이 버겁고, 북에서는 핏줄이란 아무것도 아님을 이미 알고 있기 때문이다. 그래서 그가 북으로 가야 할 아무런 이유가 없었다.

우리가 어떤 사회에 속해 있다는 것은 그 사회 속에서 어떤 사람들과 맺어져 있다는 말이다. 그러나 명준에게 북쪽은 맺어질 관계가 없는 곳이고, 그 사회 자체에 대한 믿음도 없는 상태다. 그는 믿음 없는 광장에 서는 것에 대해 두려움을 느낀다.

명준은 중립국에서 이름 없는 지극히 소박한 사람으로 살고 싶다는 소망을 갖는다. 거대한 이념이라는 프레임의 허상을 경험한 그가 바라는 것은 아주 사소한 일상이다. 병원 문지기, 소방서 감시원, 극장의 매표원 등 단순하고 똑같은 하루가 되풀이되는 그런 일을 하고 싶어 한다. 수위실에서 몸의 병을 고치러 오는 사람들을 바라보고, 정문을 깨끗이 치우고, 아침저녁으로 꽃밭에 물을 주며, 사람들의 사소한 부탁을 성심껏 들어주는 것이다.

그러나 인도로 가는 타고르호 안에서 명준은 이념과 상관없는 갈등을 목격한다. 배에 타고 있는 사람들은 명준에게 호의적이지 않고 이방인을 대하듯 한다. 게다가 그들끼리도 동반자로서의 친밀함 없이 호전적인 태도가 깔려 있었다. 명준은 사회적 삶의 '광장'에서 갈등이 단지 이념으로만 시작되는 것은 아니라는 사실을 목격한 것이다. 그리고 자신의 광장은 고작 지금 딛고 있는 자신의 발바

닥만큼의 세상임을 깨닫는다. 결국 그는 넓고 푸른 광장인 바다에 뛰어든다.

누구나 살면서 한 번쯤 사각의 링과 같은 막다른 골목에 갇혀 본 적이 있을 것이다. 탈출구는 없고 사방이 나를 향해 적의를 드러낼 때 큰 상처를 받게 된다. 그럴 때는 나를 내던지고 싶어진다. 이 일을 겪기 전의 상태로 돌아갈 수만 있다면 무슨 짓이라도 하고 싶어진다.

우리는 극한 상황에 몰리면 그와 전혀 다른 것을 원한다. 그것이 마치 탈출구처럼 느껴지기 때문이다. 회사가 너무 힘들면 다른 직장을 찾으려 애쓴다. 마치 다른 직장으로 옮기면 현재 느끼는 힘겨움이 모두 해결될 것처럼 생각되기 때문이다. 그러나 막상 회사를 옮기고 시간이 흐르면 다시 비슷한 감정을 느끼며 사람 사는 곳이 다 똑같다는 결론에 이르게 된다.

명준이 남쪽에서 크게 실망하고 북으로 간 것은 그곳은 남쪽과 전혀 다를 거라는 기대와 희망 때문이었다. 그러나 그곳에서 남쪽 못지않은 오히려 더 해결불가능한 부조리가 존재하고 있음을 본다. 모든 것은 겉으로 보이는 것이 다가 아니라 보이지 않는 이면이 존재한다. 그래서 극한 상황에서 다시 반대의 극한 상황을 선택하는 것은 결국 같은 상처를 입고 원점으로 돌아가게 되는 상황이 될 뿐이다.

명준은 양쪽에서 느낀 극도의 실망과 제3국에서도 기대했던 삶이 이루어질 수 없을 거라는 좌절로 더 이상 이 세상에서 자신이 설

수 있는 공간은 없다고 생각해 자살을 선택했다. 삶의 막다른 골목에 서면 누구나 삶을 포기하고 싶은 충동을 느낀다. 그러나 사방이 벽으로 꽉 막혀 있는 그곳을 어떻게라도 벗어나면 좀 더 나은 상태로 나를 인도하는 길을 찾을 수도 있다. 큰 성공을 이룬 인물 중에는 인생의 밑바닥까지 떨어진 경험을 한 사람이 많다. 그들은 앞이 전혀 보이지 않는 막다른 골목에서도 필사의 노력으로 재기의 길을 찾아내고 실패의 경험을 발판 삼아 일어섰다.

누구에게나 삶은 결코 쉬운 숙제가 아니다. 생각지도 못한 수많은 난관과 관문이 끊임없이 나타나고 어디에나 존재하는 부조리들이 우리를 옥죄지만 그것이 우리 각자에게 주어진 운명이다. 쉽지 않은 그 길의 끝에 무엇이 있는지는 끝까지 걸어가본 자만이 발견할 수 있지 않겠는가.

가짜뉴스는
어떻게 진실이 되는가

《카타리나 블룸의 잃어버린 명예》

상반된 두 이념에 의한 피해자인 이명준과는 다른 다수의 보이지 않는 적으로부터, 혹은 보이는 다수의 사람으로부터 상처받는 인물이 있다.

하인리히 뵐의 소설 《카타리나 블룸의 잃어버린 명예》는 요즘 큰 사회적 문제가 되고 있는 '가짜뉴스'로 인한 다수의 횡포를 떠올리게 한다. 이 작품은 1974년에 발표되었는데 인터넷이 없던 시절에도 언론의 폭력과 다름없는 무책임한 보도는 개인의 인권을 파괴했다.

요즘 SNS가 우리의 일상으로 자리잡으며 많은 사람이 그로 인한 피해를 입고 있다. 어느 날 우리 자신도 피해자가 될 수도 있으며, 또 가해자가 될 수도 있다.

이 소설의 주인공 카타리나 블룸은 아름답고 성실하며 자신의 일상생활을 빠짐없이 기록하는 꼼꼼한 27세의 젊은 여자로 가정부 일을 하고 있다. 그녀는 성장 과정은 다소 불행했지만 열심히 노력하며 살아왔다. 어느 날 그녀는 대모인 볼터스하임 부인 집에서 열린 댄스파티에 갔다가 루트비히 괴텐이라는 남자를 만난다. 그들은 서로에게 급격히 호감을 느끼고 파티에서 빠져나와 카타리나의 집으로 함께 간다.

다음 날, 카타리나는 경찰서로 불려가 조사를 받는다. 괴텐은 수배중인 유명한 범죄자였고, 카타리나가 그의 도주를 도왔다는 의심을 받게 되었기 때문이다. 그 후 차이퉁 신문에 그녀의 신상이 공개되고 점점 도를 넘는 기사가 실린다. 그녀의 모든 과거와 현재는 과장되고 왜곡되어 보도되었고, 추측과 가정이 사실인 것처럼 둔갑하여 퍼져나간다.

가정부라는 직업으로 돈을 위해 창녀처럼 살았으며, 괴텐과는 오래전부터 아는 사이로 그의 범죄에도 가담했다는 추측성 기사가 보도된다. 또 그녀를 오래전부터 돕고 있었던 지인들의 신상도 공개되며 그들의 행적마저 의심스러운 것으로 보도되었다. 그녀는 언론에 의해 세상에 다시없을 추잡하고 악한 사람이 되었다.

결국 카타리나는 이 기사를 쓴 기자인 퇴트게스를 집으로 불러 살해하고 경찰에 자수한다. 그녀의 선택에 사람들은 다시 추측하기 시작하지만 그녀는 자신의 행동에 대해 후회하지 않는다.

SNS가 등장하기 오래전의 이야기임에도 그 내용이 전혀 낯설지 않다. 특히 유명인에 대한 추측성 기사가 돌아다니면서 사실로 받아들여져서 당사자는 하지도 않은 일을 했거나 거짓말을 한 파렴치한 사람으로 낙인찍히기도 한다. 다수의 동조는 굉장히 파급력이 크고 소문이 기정사실화되면 거짓은 곧 진실로 둔갑한다.

카타리나 블룸은 자신이 갖고 있는 재능과 성품, 성실함으로 더 나은 삶을 살 수 있었으나 남의 일을 말하기 좋아하는 다수에 의해 미래를 잃어버렸다.

그녀는 나이에 비해 상당히 굴곡진 삶을 살았다. 아버지 페터 블룸은 광부였으나 그녀가 여섯 살 때 죽었다. 어머니는 청소일을 하러 다녔으므로 카타리나는 어릴 때부터 집안일을 도맡아 했다.

그녀는 학교를 졸업한 후 정육점에서 가정부로 일하며 이따금 판매일도 돕기도 했다. 그 후 대모인 볼터스하임 부인의 도움과 경제적 후원으로 부인이 교사로 일하고 있는 쿠이르 생활과학아카데미에 다닐 수 있었고, 좋은 성적으로 졸업했다. 이후에는 유치원에서 관리인으로 일하다가 의사인 글루텐씨 집에서 가정부로 일했다. 그러나 젊고 아름다운 카타리나에게 의사는 자꾸 치근거렸고, 그것이 견딜 수 없어 그 집을 나왔다. 그러던 중 방직공인 빌헬름 브레틀로를 알게 되고 그와 결혼을 한다. 그러나 결혼을 했다고 해서 그녀의 삶은 나아지지 않았고 결혼생활 중에도 음식점에서 홀 서빙을 했다. 결혼을 하고 반년 정도 지났을 때 카타리나는 남편에게 혐오감을 느껴 그를 떠나 도시로 간다.

그녀는 페너른씨 집에 살면서 관리인 겸 가정부로 일했다. 페너른 박사는 생활이 어려운 카타리나에게 월급을 미리 주는 등 그녀의 편의를 봐주었다. 그러나 박사가 횡령죄로 교소도에 수감되고 만다.

그 후 페너른 박사의 소개로 알게 된 블로르나 박사 부부의 집에서 가정부로 일하게 되었다. 블로르나 박사는 산업체 변호사이며 부인은 건축 설계사였는데 이들은 카타리나에게 도움을 주었다. 카타리나는 저축한 돈에 블로르나 부부가 신용대출 보증을 서주어 그것을 모아 아파트를 사서 입주했다. 매달 갚아야 할 대출금이 부담되었지만 블로르나 부부의 배려와 그녀의 근검절약으로 대출금을 빨리 갚을 수 있었다.

이렇게 카타리나는 숨 가쁘게 최선을 다해 살았다. 그녀가 가정부로 일한 곳의 주인들은 모두 그녀를 좋아하고 호의적이며 도움을 주었다. 그녀가 정직함과 성실함으로 관계를 잘 쌓았기 때문이다.

또한 카타리나는 상당히 꼼꼼한 성격이었다. 경찰조사를 받을 때 그녀의 수첩과 장부기입장이 압수당하는데 경찰들은 그녀의 메모를 보고 꼼꼼함과 정확함에 놀란다. 그녀가 10년간 사용한 작고 낡은 초록색 수첩에는 지난 행적들을 가늠할 수 있는 것들이 적혀 있었다.

은행 거래명세표를 통해 돈의 흐름을 정확하게 확인할 수 있었고, 그녀의 아파트 분양대금의 지불상황도 알 수 있었다. 회계전문가는 그녀의 부당한 금전거래를 찾으려고 했지만 어디에서도 숨겨둔 돈을 찾을 수 없었다. 게다가 그녀가 절약하여 가족들에게 얼마

책으로 치유하는 시간

를 지급했는지 금액까지 확인되었다.

검토를 마치고 난 회계사는 그녀가 직장을 구하게 되면 자신이 채용하고 싶다고까지 말할 정도로 그녀는 꼼꼼하고 모든 것을 기록으로 남겨 놓았다.

이런 모든 증거들과 주변 사람들의 평판을 통해서 볼 때 그녀는 검소하고 정직한 사람임이 분명하다. 그래서 그녀를 채용했던 사람들은 그녀를 신뢰하고 또 도움을 주었던 것이다.

그러나 세상은 그것보다는 다른 것에 흥미를 느꼈다. 누군가의 성실함보다는 어두운 과거와 그로 인해 파생되는 더럽고 추악한 일에 더 관심을 갖고 그 사실이 파헤쳐지기를 은근히 바랐다. 그녀를 모르는 사람들은 이 일에 흥미를 느끼고 좀 더 적나라하게 파헤쳐져서 그녀를 더 곤란하게 하고 싶은 가학적 심리를 드러낸다. 가학의 열정은 시간이 지날수록 배가되어 헤어나기 어려운 도취성이 있다.

그녀가 괴텐을 도망가도록 했다는 확인되지 않은 사실이 알려지고 차이퉁지에 보도되는 기사들은 연일 사람들의 관심을 끌었다. 진실은 괴텐과 카타리나가 시끄러운 파티장을 빠져나와 둘만의 공간을 찾아갔고, 아침이 되기 전에 도망자인 괴텐은 카타리나의 집을 떠난 것이다. 그러나 대중이 진정 원하는 가십거리는 이렇게 단순한 것이 아니었다.

기자는 더 은밀하고 놀라운 기사를 보도하기 위해 카타리나의 과거를 집요하게 추적한다. 그녀가 어린 시절을 보낸 게멜스브로이히에 있는 성당의 신부는 한술 더 떠서 카타리나는 무슨 짓이든 할 수 있는 여자라고 진술한다. 또 카타리나의 아버지는 위장한 공산주의자였고 그녀의 어머니가 측은해서 한동안 청소부로 일하게 해주었더니 은혜도 모르고 미사용 포도주를 훔쳐 제의실에서 정부와 술판을 벌인 적이 있다는 말도 한다.

카타리나는 공산주의자를 아버지로 두었고, 행실이 나쁜 어머니를 두었으며, 그녀도 몇 년 전부터 괴텐을 비롯한 범죄자들과 내통했음이 점점 기정사실화된다. 그러자 차이퉁지는 더 디테일하게 보도하기 시작한다. 카타리나 블룸이 2년 전부터 정기적으로 신사들의 방문을 받아왔는데 그녀의 아파트가 모의 본부였거나 도당들의 아지트, 혹은 무기를 거래하는 장소였다는 기사였다. 이제 겨우 27세의 가정부가 비싼 아파트를 소유한 방법은 의문이며, 은행에서 훔친 돈의 분배에 참여했을지도 모른다는 확신에 가까운 추측이 보도된다.

그 무렵 카타리나의 어머니가 요양원에서 사망한다. 차이퉁지는 그것을 놓치지 않는다. 차이퉁지에는 이제 사진들이 크게 실린다. 괴텐의 사진, 카타리나의 첫 영성체 사진, 그녀의 아버지 사진, 게멜스브로이히에 있는 교회 사진, 블로르나 부부의 저택 사진은 이미 여러 번 실렸다. 게멜스브로이히에 있는 그녀가 어린 시절 살던 남루한 오두막 앞에서 초라한 모습으로 어머니와 같이 찍은 사진도 실린다.

카타리나의 어머니가 사망한 요양원 사진도 실리고 사진과 함께 카타리나 블룸의 첫 번째 희생자는 바로 어머니이며 딸의 행실에 대한 충격으로 죽었다고 보도된다. 어머니는 죽어가고 있는데 그 딸은 강도이자 살인자인 남자와 다정하게 춤을 추고 있었으며 그녀가 어머니의 죽음 앞에서 전혀 눈물을 흘리지 않은 변태라고 기사화되었다. 카타리나에게 치근댔던 의사 글루텐의 부인은 그녀에게는 진짜 창녀 같은 기질이 있으며 아들들과 환자들, 그리고 남편의 명예를 위해 그녀를 해고하지 않을 수 없었다고 진술한다.

이쯤 되자 카타리나는 거리를 다닐 수 없게 된다. 이미 신문에 사진이 크게 실렸기 때문에 모두 그녀의 얼굴을 알아보고 모욕적인 말을 하고 경멸하는 표정으로 쳐다본다. 또 전화로 욕설을 퍼붓는 사람들이 생겨나고, 섹스용품을 파는 곳에서는 목록을 보내오기까지 한다.

카타리나는 차이퉁지에 그녀에 관한 기사를 쓰고 있는 퇴트게스를 만나기로 한다. 그는 그녀를 보자마자 같이 잠자리를 하자고 할 정도로 그녀를 철저히 무시한다. 결국 그녀는 그를 총으로 쏘아 죽인다.

그를 죽인 후 카타리나는 바로 경찰서로 가지 않는다. 집을 나와 근처 교회로 들어가 30분간 앉아서 생각을 한다. 그리고 교회를 나와 평소 자신에게 진한 커피를 내려주며 친절하게 대해주었던 카페로 간다. 그곳은 그녀에게 여전히 친절하다. 카타리나는 커피를 마시고 감사하다는 말을 한 후 자수를 하러 간다.

이 소설은 당시는 SNS가 존재하지 않아 단지 신문을 통한 '가짜뉴스'의 전파였음에도 한 사람을 매장시키기에 충분한 과정을 보여준다. 세 사람이 짜면 호랑이도 만들 수 있다는 '삼인성호'라는 말처럼 여럿이 합심하면 없던 사실도 만들어낼 수 있다. 그리고 사람들은 진실이든 아니든 자신이 믿고 싶은 것을 믿는다. 이러한 대중심리에 부합해 특종을 잡으려는 기자들은 과장되고 자극적인 기사들을 쏟아내는 것이다. 하물며 지금은 SNS의 발달로 가짜뉴스는 실시간으로 퍼져나갈 수 있다. 우리는 악성댓글과 근거 없는 루머로 괴로움을 견디지 못해 자살하는 사람들을 수없이 보았다. 설사 시간이 흘러 진실이 밝혀진다 해도 가짜뉴스로 피해를 입은 사람들은 돌이킬 수 없는 상처를 입은 뒤다.

한때 미국을 들끓게 했던 가짜뉴스가 있다. 1950년 2월 9일 공화당원대회에서 상원의원이었던 조셉 매카시가 연설 중에 국무부에 공산주의자 205명의 명단이 있다는 충격적인 발언을 했다. 이 시기는 소련이 원자폭탄 개발에 성공하고, 중국대륙이 공산화된 직후였으므로 공산주의에 대한 혐오감이 미국 사회 전반에 깔려 있던 때였다.

그 즉시 공산주의자를 가려내자는 여론이 들끓었고 결국 과학자 로젠버그 부부가 공산당으로 몰려 사형을 당했다. 찰리 채플린, 월트 디즈니, 아인슈타인, 아이젠하워, 트루먼도 공산당이라는 의심을 받았다. 그것은 근거도 없고 사실인지 확인도 되지 않은 205명의 명단 때문에 일어난 일이었다. 거기에 사회의 여론은 그것을 부추겼다.

책으로 치유하는 시간

미국은 이 사건으로 그 시기가 미국 역사상 가장 비이성적인 시대였음을 인정했다. '매카시즘'은 여기에서 비롯된 용어로 반대파를 매도하고 비방하는 행위를 이를 때 쓰이고 있다.

가짜뉴스를 재생산하고 생각 없이 옮기는 일은 피해자에게 직접적인 가해를 하는 것은 아닐지라도 간접적인 폭력을 휘두르는 것과 같다. 《카타리나 블룸의 잃어버린 명예》를 통해 우리는 대중이 한 개인에게 얼마나 큰 가해자가 될 수 있는지를 볼 수 있다. 대중은 결국 개인의 집합이다. 나도 대중에 속해 있을 때는 내가 잘 보이지 않을 것 같은 심리에서 말과 행동이 혼자 목소리를 낼 때보다는 자유롭다. 또 내가 다 책임지지 않아도 될 것 같은 생각이 든다.

하지만 내가 했던 말이 돌고 돌아 나에게 비수로 꽂힐 수도 있으며, 다수의 뒷말에 의한 피해자가 나 자신이 될 수도 있다는 사실을 간과하지 말아야 한다. 진실은 지켜져야 하며 지켜내는 것은 우리의 몫이다. 그것은 나를 포함해 다른 사람에게 상처를 주지 않기 위한 최선이다.

이념의 피해자든 대중적 폭력의 피해자든 그것은 어느 가해자에
의해 시작되었을 것이다. 우리는 내 생각이 틀렸을 수도 있음을
항상 잊는다. 나의 생각이 모두 옳은 것이 아니고 틀릴 수도 있음
을 인정한다면 나는 적어도 가해자가 되지 않을 수 있다. 가해자
가 없다면 억울한 피해자도 생겨나지 않는다.

CHAPTER 6

자기를 너무 사랑해서
남들에게 상처를 주는 사람들

우리는 살면서 너무 밉지만 원래 그런 사람이니 어쩔 수 없다고 인정해야 하는 경우가 종종 있다. 그럴 때 화를 내면 옹졸한 사람이 되어버린다. 그렇다면 원래 그런 사람은 늘 면죄부를 받아도 되는 것일까. 그는 정말로 그런 사람이라서 그렇게 행동한 것일까. 그의 행동으로 인해 늘 누군가 피해를 입는다 해도 무조건 이해해야 하는 것일까.

이것은 인간관계에서의 영원한 숙제다. 그의 주변에 있는 사람들이 다 같이 힘을 합해 그가 그런 사람에서 변화하도록 도와야 하는 것은 아닐까.

지금 아마도 주변 사람 중에 비슷한 유형이 머릿속에 떠오르고 있을 것이다. 한 가지 생각해볼 문제가 있다. 우리가 사람을 판단하는 기준에 관한 것인데 아무에게도 해를 끼치지 않는다고 해서 그가 도덕적으로 자유로워서는 안 된다는 점이다.

단테의 〈신곡〉 중에는 이런 대사가 있다.

"지옥의 가장 뜨거운 자리는 도덕적 위기의 시기에 중립을 지킨 자들로 예약되어 있다."

나의 지인 중에 항상 중립을 지키는 사람이 있을 때, 그가 단지 다른 사람들에게 상처를 주지 않는다는 이유로 높은 점수를 주지는 말자. 상대적으로 위험을 무릅쓴 사람이 낮은 점수를 받게 하지 말아야 하는 것도 명심해야 한다. 중립을 지키는 사람보다는 오히려 자기 의견을 확실히 말하는 사람에게 점수를 조금 더 주는 것은 어떨까. 아무런 의견을 표시하지 않고 행동을 취하지 않는 사람에게서는 진실이 보이지 않아서 그가 어떤 사람인지 절대 알 수가 없다. 그런 사람과는 잘 지내기는 하지만 친해지지는 않는다.

하지만 의견을 표현하고 행동을 하는 사람에게서는 그의 생각이 보인다. 그 사람 마음속을 어느 정도 알 수 있고 예측할 수 있다. 이런 사람은 적어도 민폐를 끼치지는 않는다. 그는 속마음을 감추지 않고 여러 가지 감정을 표현하므로 때로는 시끄럽고, 과격할지언정 적어도 파렴치하지는 않다.

민폐를 끼치는 사람은 대부분 자신이 그렇다는 것을 알지 못한다. 자신의 감정에 충실하고 몇 가지 잣대만으로 사물을 평가하기 때문이다. 그 잣대에서 빠진 것은 바로 다른 사람들의 입장이다.

파렴치해서 민폐를 끼치는 사람이 내 주변에 있으며 나와 연관이 있거나 가까운 관계라면 괴롭지 않을 수 없다. 소설 속 여자 주인공 중에 그런 인물들이 있다. 물론 이런 캐릭터가 절대 여자들만 있는 것은 아닌데 공교롭게 모두 여자 주인공들이다.

지나친 자기만족은
곧 소통 불능의 상태

《귀여운 여인》

안톤 체호프의 《귀여운 여인》에는 사랑스런 한 여인이 등장한다. 올렌카는 누군가를 사랑하지 않고는 못 견디는 천성을 가졌다. 그녀는 정이 많고 온화하고 부드러우며 통통한 장밋빛 뺨을 가진 건강한 여자다.

올렌카는 세 번의 결혼을 한다. 첫 번째 남편은 극장 지배인 쿠우킨이다. 그는 매일 내리는 비로 인해 극장에 손님이 별로 없어 죽고 싶을 정도로 힘들다. 올렌카는 그의 절망적인 탄식에 마음이 움직여 사랑하게 되고 결혼한다. 올렌카가 순수한 여자임은 확실하다. 동정이든 사랑이든 조건 없는 결혼을 택한 것은 그녀가 계산할 줄 모르는 사람임을 보여준다.

그녀는 쿠우킨의 아내가 되자 머릿속이 온통 연극으로 가득 찬다. 이 세상에서 가장 가치 있는 것은 연극이며, 관객이 많이 오지 않더라도 수준 높은 〈파우스트〉를 공연하는 것에 커다란 자부심을 갖는다. 예술에 무관심한 사람들을 경멸하고, 가난한 배우들을 아꼈으며, 쿠우킨을 살뜰히 보살핀다.

그런데 쿠우킨이 모스크바로 출장을 갔다가 갑자기 죽는다. 올렌카의 비통함은 너무 컸고 그녀의 인생은 남편의 죽음과 더불어 끝이 난 것처럼 보였다. 하지만 얼마 되지 않아서 슬픔에 잠긴 올렌카에게 새로운 사람이 나타난다. 목재상 푸스토발로프는 진심 어린 마음으로 그녀를 걱정해주고 위로해준다. 결국 올렌카는 그를 사랑하게 되고 다시 결혼한다.

그녀에게는 이제 연극보다 목재값의 인상과 운임이 중요해졌다. 목재상 남편은 원래 예술에는 관심이 없는 사람이다. 그녀는 남편의 취향을 존중해서 토요일에는 저녁기도에 가고 일요일에는 아침 미사에 가는 것만으로도 충분히 행복하다. 연극을 보러오라는 사람들의 말에 연극이 대체 뭐가 좋다는 것이냐고 묻는다. 그녀는 요리하는 것을 즐기며 소소한 행복 속에 푹 빠져서 산다.

그러나 6년 후 푸스토발로프는 병으로 죽는다. 이번에도 올렌카는 깊은 슬픔에 빠진다. 그녀는 건넌방에 세 들어 살고 있던 수의사의 위로를 받으며 회복해나간다.

이제 그녀는 수의사를 사랑하게 되고 절망에서 서서히 회복되어 다시 행복해진다. 하지만 수의사가 일 때문에 멀리 떠나 있는 동안 외로움에 힘든 시간을 보낸다. 수의사에게는 이혼하려고 했으나 화해한 아내와 사샤라는 중학생 아들이 있는데 수의사는 한참 만에 돌아와 가족과 함께 올렌카의 집으로 이사를 온다. 올렌카는 이제 사샤에게 온 마음을 쏟는다. 그녀는 중학교 공부에 관심을 갖고 온통 교사들과 수업에 관한 이야기를 한다. 그리고 다시 행복해진다.

올렌카는 적응이 매우 빠르고 현실에 대한 만족도가 상당히 높다. 또 절대 뒤를 돌아보지 않는다. 얼마 전까지 누군가를 잃어 하늘이 무너질 듯한 슬픔에 빠져 있다가도 다른 사람으로 쉽게 대치한다. 이런 자기만족은 사는 데는 매우 편리하다. 그러나 그녀는 너무나 풍부한 감성을 갖고 있는 반면 신념이나 의지는 찾아볼 수가 없다.

그녀의 욕망은 언제나 다른 사람을 통해서 성취된다. 자신의 의지가 없다는 것은 다른 사람에게 전적으로 의존한다는 뜻이다. 나에게 중요한 단 한 사람의 모든 것을 절대적으로 신뢰하고 그것이 모든 것의 기준이 된다. 그러나 그 사랑이 떠나가면 빈껍데기가 되어 아무것도 아닌 상태가 된다.

올렌카는 남편의 죽음을 두 번 겪는다. 그때마다 사람들은 그녀의 처지를 마음 아파했다. 그러나 그녀는 얼마 지나지 않아 다시 벌떡 일어나 슬픔을 털어냈으며, 다른 사람을 전과 다름없이 정열적으로 사랑하기 시작한다. 이전까지 절대적이었던 기준은 그녀에게 더 이상 전혀 의미 없는 것이 된다. 그녀를 위로했던 사람들은 그 모습을 보며 배신감을 느낄 것이다.

한 사람만을 사랑하고 그것에 자부심을 느꼈던 사람들은 새로운

책으로 치유하는 시간

사람을 만나면 더없이 행복해하는 올렌카를 보며 윤리적 가치관에 대해 의심이 들게 된다. 또 변화에 무심하거나 두려움을 갖고 있는 사람들은 올렌카의 변화무쌍한 일상의 변신을 보면서 자신의 고지식함이 미련한 건 아닐까라고 생각하게 된다.

그녀는 주변 사람들의 일상을 어느 정도 흔들어 놓았을 것이다.

그러나 대놓고 그녀를 욕할 수도 없다. 왜냐하면 그녀가 도덕적으로 문제되는 행동을 하는 것은 아니기 때문이다. 새로운 사람을 만나 가정을 꾸리고 자신이 만든 새 가정에 최선을 다하는 것이니 사회적으로나 도덕적으로 전혀 문제가 없다.

그러나 그녀에게는 신의나 의리라는 것이 존재하지 않는다. 현재의 자기감정에는 더없이 충실하지만 상대나 다른 사람들에 대한 충실함은 존재하지 않는 것이다. 올렌카는 현재의 상대는 행복하게 해 줄 수 있을지 모르지만 그녀 주변의 사람들은 그녀에게 배신감을 느끼고 더 이상 그녀의 진심을 믿지 않을 것이다.

자기 자신을 소중히 여길 줄 알아야 타인도 존중할 수 있지만 그녀처럼 오로지 자신의 감정에만 충실한 것은 결과적으로 남들과 소통이 안 되는 상태라 할 수 있다. 또한 자신에게만 충실한 사람을 사람들은 신뢰하지 않는다. 그래서 그런 사람은 인간관계가 원만하지 못하고 사람들로부터 소외당할 수 있다. 그리고 심각한 자기애는 결국 나르시시즘으로 빠질 수 있다.

집단 내에서 드러나는 인간의 본성

《비계덩어리》

파렴치한 여러 유형의 사람들이 나오는 기 드 모파상의 소설《비계덩어리》는 인간의 본성을 적나라하게 보여주고 있다. 이야기는 일종의 비유이지만 우리가 모임이나 직장, 사회에서 겪게 되는 냉정한 현실이기도 하다.

소설의 시간적 배경은 보불(독일과 프랑스)전쟁에서 프랑스가 패배한 시기다. 프랑스 북부 루앙은 프러시아군(독일군)이 점령한 상태였으므로 점령군을 피해 루앙을 떠나고자 하는 사람이 많았다. 그중 한 마차의 동승객들이 이 소설의 등장인물들이다.

눈이 내리는 추운 겨울 오후, 대형마차에 11명이 동행한다. 포도주 도매상 르와조 부부, 방직공장을 가진 도의원 라마동 부부, 브레빌 백작 부부, 두 명의 수녀, 맹렬한 공화주의자 코르뉘데, 매춘부

책으로 치유하는 시간

인 불드쉬프(비계덩어리라는 뜻), 마부 이렇게 11명이다.

가는 동안 이들은 의도적으로 불드쉬프를 무시한다. 특히 부인들은 그녀에게 혐오의 눈길을 보내고 같은 공간에 있는 것조차 불쾌하게 생각한다. 어느 곳도 안전하지 않기 때문에 마차는 중간에 서지 않고 계속해서 달린다.

이들은 심한 허기를 느끼지만 음식을 준비하지 않아서 참을 수밖에 없다. 그때 불드쉬프가 싸온 음식을 내놓는다. 음식은 꽤 많았고 그녀는 자신을 무시했던 사람들에게 음식을 권한다. 그들은 매우 시장했으므로 어쩔 수 없이 불드쉬프의 음식을 먹는다. 그리고 음식을 먹은 뒤부터는 그녀에게서 혐오의 눈길을 거두고 동승자로서의 호의까지 보인다.

밤이 되어 숙소를 찾아 하룻밤을 묵게 되었다. 그곳에는 그 지역의 책임 장교가 있었는데 그는 불드쉬프가 매춘부라는 것을 알고 잠자리를 요구하지만 그녀는 거절한다. 그 일로 인해 앙심을 품은 장교는 다음 날 마차의 출발을 허락하지 않는다. 그들은 그곳에서 기약 없이 머물러 있으면서 곧 교전이 있을 것이라는 소문을 듣고 두려움을 느낀다. 동승객들은 불드쉬프에게 장교와의 잠자리를 노골적으로 권한다. 어차피 직업인데 어떠냐는 것이 그들의 생각이었다. 그녀는 결국 장교와 하룻밤을 보내고 마차는 다음 날 출발한다. 마차에서 그들은 적군 장교와 잠자리를 한 불드쉬프를 경멸의 눈으로 쳐다보며 무시한다. 그리고 숙소에서 준비해온 음식을 먹으면서 불드쉬프에게는 권하지 않는다.

우리는 불드쉬프가 된 적도 있고, 다른 동승자의 무리에 속한 적도 있을 것이다. 만일 불드쉬프 쪽이었다면 매우 큰 상처를 받았을 것이다. 그런 경험은 기억 속에서 지우고 싶어도 쉽게 잊히지 않는다. 그들이 했던 말과 표정이 생각나면 견디기 힘들 정도로 아프고 괴롭다.

　동승자들은 비록 그들의 사회적 지위가 불드쉬프보다 높지만 성품은 그녀에게 한참 미치지 못한다. 불드쉬프는 적어도 계산하지 않았고 갖고 있는 것을 나눌 줄 아는 마음을 갖고 있다. 그리고 다른 사람들이 떠날 수 있게 자신을 헌신하는 희생정신을 갖고 있다.

　자신이 고귀하다고 착각하는 사람들은 언제나 남들에게 상처를 준다.

　부인들은 객관적으로 보면 좋은 아내들이다. 포도주 상인의 아내는 결단력이 빨라서 남편에게 활력을 주고, 백작 부인은 인품이 훌륭하다는 평을 받고 있으며 손님접대에 능해서 귀족들은 그녀를 극진히 대한다. 그렇다면 이들은 낮은 신분의 여자를 품어줄 관용쯤은 갖고 있어야 함에도 전혀 그렇지 않았다.

　이들은 자신들의 지위와 재산으로 분명한 경계를 긋고 그 안에서 도도한 척하며 불드쉬프를 천한 여자라고 무시했다. 그러면서 자신들이 허기를 참을 수 없을 때는 불드쉬프의 음식을 기꺼이 얻어먹었다. 이들은 감사하게 생각하기보다 당연하다고 생각했을 것이다. 그래서 자신들의 안위를 위해 장교와의 잠자리를 강요하고 나서도 원래 몸 파는 천한 여자이니 음식을 나눠줄 가치도 없다고 생각하는 것이다. 이들에게서는 자신들의 지위에 대한 자부심과 권위의식은 볼 수 있지만 그에 걸맞은 의무감과 도덕관념은 전혀 찾아볼 수가 없다.

또한 수녀들은 마차에 오르자마자 묵주를 만지작거리며 기도문을 외운다. 그런데 그 기도는 누구를 위한 것인가? 수녀들은 구원과 감사를 위해 기도했겠지만 그 기도는 아무 의미 없는 습관적 행동이었을 뿐이다.

파렴치한 사람이 되지 않으려면 불드쉬프를 적대시했던 사람들의 무리에 속하지 말아야 한다. 물론 이것은 상황에 따라 어렵고 큰 용기를 필요로 할 수도 있다. 나만 혼자 다른 선택을 해야 되기 때문이다. 그러나 불의와 마주했을 때 동조하지 않는 것은 친구가 없어 외롭더라도 사람답게 사는 길이 아닐까?

관심병의
피해자들

《루이즈》

서머싯 몸의 단편소설《루이즈》는 '관심병'에 걸린 한 여자의 이야기다. 이야기는 루이즈의 오랜 지인이며 그녀의 실체를 정확히 알고 있는 작가의 입을 통해 전개된다.

루이즈는 어린 시절 성홍열을 앓는다. 그녀는 성홍열 후유증으로 심장이 약해지고 무리를 해서는 안 되는 몸이 된다. 그녀가 연약하고 섬세하며 수심에 찬 눈을 가진 아가씨로 성장하는 동안 부모님은 그녀를 애지중지하며 키운다.

루이즈는 자신이 길어야 2,3년 정도밖에 살지 못할 거라고 말했다는 의사의 이야기를 사람들에게 늘 하곤 한다. 그런 그녀가 결혼을 하게 되었다. 건강하며 잘생긴데다 돈도 많은 톰 메이트랜드는 루이즈에게 반해 청혼한다. 그녀의 부모는 몸이 약한 루이즈가 결혼생활을 할 수 있을지에 대해 매우 걱정했지만 톰은 그녀를 잘 보살피고 사랑하겠다고 약속한다.

결혼 후 톰은 그녀에게 지극정성을 다한다. 그는 루이즈를 위해 좋아하는 경기도 단념한다. 루이즈는 괜찮으니 하라고 말하지만 톰이 하루만 집을 비우겠다고 하면 바로 심장발작을 일으켰다. 부부 사이에 의견이 맞지 않을 때 루이즈는 즉석에서 양보를 하는 온순한 아내지만 곧바로 심장발작이 일어난다. 즐거운 파티가 있을 때 그녀는 새벽까지 춤을 추고 즐기지만 따분한 파티 때는 기분이 좋지 않아서 톰은 아내의 심장이 걱정되어 일찍 돌아가곤 한다.

그렇게 루이즈를 성심껏 보살피던 톰은 두 사람이 배를 타고 있을 때 걸린 악성 감기로 죽는다. 그날 배 안에 있던 담요는 모두 루이즈의 몸을 따뜻하게 하기 위해 쓰였던 것이다. 그녀는 톰이 남긴 많은 재산과 딸 아이아리스를 갖게 된다.

사람들은 몸이 약한 루이즈도 곧 남편을 따라갈 것이라고 생각했지만 그녀는 죽지 않는다. 죽지 않았을 뿐 아니라 1년 후에는 군인 조지 호브하우스의 청혼을 받아들여 두 번째 결혼을 한다. 조지는 루이즈를 보살피기 위해 군인생활을 그만둔다. 루이즈는 조지에게 자신은 폐를 끼치고 싶지 않으며 길어야 2,3년이면 자신의 목숨도 끝날 것이라고 말한다. 그러나 그 후 2,3년 동안 루이즈는 화려하게 차려입고 즐거운 파티라면 열심히 참석하고 도박도 하면서 인생을 즐긴다. 그러던 중 전쟁이 나고 조지는 참전하여 전사한다. 사람들은 루이즈가 곧 남편을 따라갈 것이라고 생각했지만 그녀는 견려냈을 뿐 아니라 즐기며 산다.

첫 결혼부터 20년이 지나고 이제 그녀를 돌보는 사람은 아가씨가 된 딸 아이아리스다. 아이아리스는 어머니를 보살피기 위해 외출도 삼가고 파티에 참석하는 것도 자제한다. 루이즈는 딸에게 가라고 말하지만 아이아리스가 외출이라도 하면 루이즈의 심장은 곧 발작을 일으키곤 했다. 어느 날 선량한 청년이 청혼을 하고 아이아리스도 그를 사랑하지만 어머니를 혼자 둘 수 없는 아이아리스는 결혼하지 않기로 한다.

루이즈의 지인인 작가는 벼르고 벼르던 끝에 루이즈를 만나 20년 동안 그녀를 지켜보며 참았던 말을 쏟아낸다. 그녀의 꾀병과 이기적인 처신에 대해 신랄하게 지적하며 이제라도 딸을 결혼시켜야 마땅하다고 말한다. 루이즈는 생전 처음 들어보는 자신에 대한 혹독한 말에 분노하여 당장 결혼시키겠다고 선언한다. 그러나 결혼식 날 아침에 그녀는 진짜 심장마비로 죽는다.

루이즈는 겉으로는 순하고 부드럽고 상대를 배려하는 모습을 하고 있다. 하지만 매우 영악한 인물로 자신의 약점을 이용해 사람들을 옆에 묶어두고 이용한다. 아니면 철저히 자기 세계에 빠져 자신은 너무나 약한 사람이라고 단단히 믿고 있는 것인지도 모른다.

'뮌하우젠 증후군'이라는 것이 있다. 신체적으로 아무 이상이 없으나 아픈 것처럼 보여서 관심을 끄는 행위를 하는 것을 말한다. 그런데 그들은 정말 아픈 척하기 때문에 실제 진단이 어렵다고 한다. 루이즈도 어려서부터 보호와 관심을 받는 것이 습관이 되어 그 상태를 유지하려고 했거나 그것이 몸에 밴 행동이었을 것이다.

고군분투하며 싸우는 사람은 정작 아무것도 가져가지 못할 때가 많다. 하지만 조용히 관조하면서 상황을 보았다가 점잖게 가져가는 사람이 있는데 바로 루이즈 같은 유형이다. 사람들은 가져가지 못한 싸움꾼을 이해하려고 하지 않는다. 정작 가져간 사람은 기회를 이용해 이익을 누리는데 말이다. 만약 당신이 억울한 경우를 많이 당했다면 바로 이런 경우였을 것이다. 이런 사람과는 관계를 맺지 않는 것이 정답이다.

좋은 것을 가려 볼 줄 아는 눈을 가져야 사람들에게 상처를 주지 않는다. 영화나 드라마를 보면 악인과 배신자를 금방 찾을 수 있는데 정작 내 주변의 사람들 속에서는 구별이 되지 않을 때가 있다. 그로 인해 무고한 사람이 피해를 입고 루이즈 같은 사람이 계속 보호받고 존중받게 된다.

살다보면 세상이 공평치 않게 돌아갈 때가 많다. 그에 대해 누구나 분노를 느끼지만 그렇게 되지 않도록 방관하지 않을 용기를 가진 사람은 많지 않다. 선량함을 도덕적이고 정의롭다고 무조건 믿는 것은 위험하다. 그것을 무기로 혼자서 이득을 누린다면 그것은 옳지 않다. 루이즈 같은 사람이 이기지 못하도록, 불드쉬프 같은 사람이 상처받지 않도록 다수에 동조하지 않고 방관하지 않는 용기가 필요하다. 우리도 언젠가 선의의 피해자가 될 수도 있기 때문이다.

우리는 살면서 자기 자신을 비하하거나 방치해서는 안 된다. 사랑하고 아껴야 한다. 그러나 자신만 사랑하는 것은 매우 위험하다. 그런 사람은 자신 이외에 타인은 중요하게 생각하지 않기 때문이다. 자신을 제대로 사랑할 줄 아는 사람은 남을 배려한다. 남을 배려한다는 것은 자존감 있는 행동이고, 자존감은 자신을 사랑하는 데서 비롯되기 때문이다.

CHAPTER 7

가족이라는 든든하지만
벗어날 수 없는 울타리

우리가 상처를 가장 많이 그리고 깊이 주고받는 사람들은 바로 가까운 관계의 사람들이다. 부모와 자식, 형제, 부부는 끝없이 상처를 주고받는다. 이 관계가 상처의 주요 대상인 이유는 서로에게 무언가를 요구할 권리를 갖고 있기 때문이다. 그 무언가는 물질적인 것과 정신적인 것 두 가지다. 그것이 채워지지 않거나 그것을 잃게 되면 상처가 된다.

가족은 사랑하는 관계이므로 기대치가 높고 보상심리가 작용하기 때문에 상처가 더 깊다. 자녀들은 부모가 사랑으로 모든 것을 감싸주기를 원하고, 또 부모는 자녀에게 기대하는 바가 있어 쉽게 상처받는다. 그러므로 가족은 절대 분리될 수 없는 상처의 보균자들이다. 그럼에도 가족은 우리 삶의 원동력이자 우리가 살아가는 이유이기도 하다.

가족 간의 갈등은 문학작품의 주요 소재로 쓰였다. 고대 비극은 대부분 주인공의 파멸로 끝을 맺는데 갈등과 반목, 증오와 애증은 대부분 가족관계에서 비롯된다.

소포클레스의 희곡 〈오이디푸스 왕〉은 아들과 어머니, 아들과 아버지의 대립이 이야기의 주된 갈등 요소다. 테베의 왕 라이오스와 왕비 이오카스테는 아들 오이디푸스를 낳지만 이 아들이 나중에 아버지를 살해하고 어머니를 범하게 될 것이라는 신탁을 믿고 오이디푸스를 내버린다. 아무것도 모른 채 성장한 오이디푸스는 우연히 마주친 라이오스를 죽이고 테베로 와서 이오카스테를 아내로 맞아 왕이 된다. 그러나 나중에 자신이 아버지를 죽였으며 어머니와 부부가 되었음을 알게 된다. 이오카스테는 오이디푸스가 자신의 아들이라는 사실을 알고는 괴로움을 이기지 못해 자살하고 오이디푸스는 자신의 눈을 찔러 장님이 된다. 이들은 가족으로 살지 않았지만 그 사실을 알고 나서 모두 파멸한다.

셰익스피어의 비극 작품에 등장하는 인물들도 모두 가족이다. 리어왕은 믿었던 딸들에게 배신을 당하고 지독한 고통을 겪는다. 오셀로는 사랑하는 아내가 부정을 저질렀다고 의심해 아내를 죽이지만 그것은 자신의 질투와 열등감이 불러온 착각임을 알게되고 마침내 자살한다.

에우리피데스의 작품에 등장하는 메데이아는 불행한 결혼의 상징으로 일컬어진다. 그녀는 콜키스의 공주로, 자신의 나라에 황금양피를 훔치러 온 이아손에게 첫눈에 반한다. 그를 구하기 위해 동생을 죽이고, 헌신을 다하지만 결국 버림받는다. 분노하여 자신과 이아손 사이의 두 아들을 죽인다.

형제간의 갈등도 자주 작품의 소재로 등장한다. 프리드리히 폰 실러의 대표적 희곡 〈군도〉는 당시 독일 사회에 대한 저항이 밑바탕에 깔려 있지만 이야기는 형제간의 반목을 그리고 있다. 그 내용은 성경 속 카인과 아벨 형제의 이야기와 비슷하고, 존 스타인벡의 소설 《에덴의 동쪽》도 비슷한 모티브를 갖고 있다.

〈군도〉에는 폰 모어 백작의 두 아들이 등장한다. 동생 프란츠는 형이 아버지에게 더 사랑을 받아 그를 시기한다. 프란츠는 칼이 유학 중인 시기를 틈타 아버지와 형 사이를 갈라놓고 칼의 약혼녀 아말리아를 차지하려 한다. 절망한 칼은 당시 세상의 부정에 분개하는 대학생들이 만든 정의로운 도적단의 두목이 된다. 두목이 되어 고향으로 가서 성에 갇혀 굶주림에 죽어가는 아버지를 보고 분노하여 프란츠에게 복수하려고 하지만 프란츠는 이미 알고 자살한다. 칼은 아말리아와 행복한 삶을 이어가려고 하지만 도적단과의 신의로 괴로워하다가 아말리아를 죽인다. 그리고 자신의 죄를 시인하고 뉘우치며 자수하기로 결심한다.

실망하고 배신하고 뉘우치고 극단으로 치닫고 하는 가족의 파탄은 작품 속에서 끝없이 이어진다. 고전 희곡은 극적인 장면과 대사가 주를 이루므로 과장되고 현실성이 떨어진다고 생각할 수 있지만 비극적 소재로 가족을 택한 이유는 가족이라는 관계가 인간사에서 가장 갈등을 많이 겪기 때문이다. 사랑하기 때문에 미워하고 미워하기 때문에 아픈 '가족'이라는 존재는 애증의 대표적 관계다.

부모와 자식의
풀 수 없는 애증

《변경》

이문열의 소설 《변경》은 어머니와 딸의 애증관계를 통해 부모와 자식 간의 갈등과 아픔을 고스란히 보여준다. 《변경》은 6.25전쟁을 시작으로 이데올로기적 갈등으로 인한 영향이 가족에게 어떤 그림자를 드리우는지 보여주는 소설로, 혼란한 시기의 개인의 삶과 한 가족의 삶을 시간적 흐름에 담고 있다.

지주 집안의 아들이며 인텔리였던 아버지는 일본 유학시절부터 사회주의 이념을 추종하고 활동한다. 전쟁 후 아버지는 이념을 쫓아 월북하고 남쪽에 남겨진 명훈, 영희, 인철, 옥경 4남매와 어머니는 서울에서 터전을 잡고 생활한다. 그러나 연좌제가 기승을 부리던 60년대에 들어서면서 이들의 삶은 무너지기 시작한다. 경찰의 감시와 예고 없는 강제 연행, 경제적 어려움은 이들을 한곳에 정착하지 못하게 한다.

기억조차 어렴풋한 아버지의 존재는 거대한 공포로 가족을 옥죄고, 그로 인해 가족은 고향과 타지를 오가며 필요에 따라 떨어져서 생활한다.

어머니는 맏이 명훈을 존중하고, 셋째 인철과 막내 옥경에게는 너그럽지만 유독 둘째 영희에게만은 어린 시절부터 냉정했다. 이런 어머니로 인해 분노를 느끼던 영희는 탈출구를 찾아 가출한다.

그 후 이들은 각자 자신의 삶을 살아간다.

명훈은 뒷골목 패거리와 어울려 주먹의 세계에 살면서도 시를 쓰고, 공부에 열정은 없어도 대학을 진학한다. 그가 어설픈 깡패이면서도 인텔리가 되려고 했던 것은 그에게 아버지의 피가 흐르고 있기 때문이다. 셋째 인철은 천성적으로 문학적이다. 머리가 좋고 공부에 쏟는 열정도 대단하지만 그는 가끔 비현실적이다. 그의 대학공부는 그가 그동안 혼자만의 독서로 다져놓은 절름발이 인문지식인으로서의 야망에 미치지 못한다. 그는 결국 학교를 그만두고 사법고시를 준비하다가 자신에게는 문학이 최선임을 알고 작가의 길로 방향을 정한다. 인철은 아버지를 닮아 현실적일 수 없는 인물이다.

이들은 아버지의 월북으로 인한 끈질긴 고통 속에서도 아버지를 그리워한다.

고향에서 오래전부터 아버지를 알고 있었던 사람들의 추억담은 한결같다. 고향 사람들은 아버지를 훌륭한 사람으로 기억하고 있었다. 동경에서 돌아오면 맨 먼저 치우는 것이 서실이었고 들여다보는 것은 책이었음을 이야기한다.

명훈을 비롯한 4남매에게 아버지는 악몽이면서도 그리움이고 자부심이다.

영희는 형제 중 가장 현실적인 인물이고 그런 면에서 4남매 중 어머니를 가장 많이 닮았다. 가족과 연락을 끊고 사는 영희는 도시의 한복판에서 밑바닥을 경험하고 어머니와 세상에 대한 복수심을 불태우며 차근차근 성공의 욕망을 이뤄나간다.

그녀는 자신이 현재 보고 듣는 것에 몰두한다. 옆을 보거나 감상에 빠지는 것이 실익을 주지 못한다는 것을 알고 자신을 다잡을 줄 안다. 소설의 마지막에 영희가 건물을 사서 입주하던 날, 이제 세상에서 할 일을 다 해낸 듯한 피곤함을 느끼다가 피곤함의 결과가 실패로 이어졌던 기억에 닿자 소스라치게 놀라 몸서리를 치며 절대 그렇게 되지 않겠다고 스스로 다짐하는 것처럼 그녀는 지극히 현실적이다.

영희는 상처에 매몰되지 않는 성향을 가진 인물이다. 이런 사람은 자신이 가장 중요하기 때문에 상처로부터 쉽게 벗어난다. 과거를 끊임없이 곱씹지 않고 해결을 위해 주저 없이 현재에 매진한다. 이런 영희의 거센 성정으로도 어쩔 수 없는 존재가 어머니다.

영희와 어머니, 이 모녀는 관계에 문제가 있는 세상의 모든 부모 자식 간의 요소들을 갖고 있다.

어머니는 남편의 부재와 그의 이념적 성향으로 인한 후유증으로 험난한 삶을 산다. 그녀는 원래 남편은 당대의 인텔리였고 시댁은 부유한 집안으로 사람들의 부러움을 한 몸에 받았었다. 그러나 남편의 월북으로 한순간에 밑바닥으로 떨어진다. 그녀 앞에는 부양해야 할 4남매와 헤쳐나가야 할 험난한 세상이 놓여 있었다. 사는 게 아무리 힘들어도 올곧은 성품과 품위를 지켜내려는 그녀에게 영희는 애물단지다. 고집 세고 강한 추진력은 개인의 장점일 수 있으나 어머니에게는 받아들여지지 않는다. 어머니는 유독 영희에게만은 어릴 때부터 가혹했다. 한번 매를 들면 동네사람들이 혀를 내두를 정도로 매질을 했고, 고집스러운 영희는 아무리 맞아도 잘못을 빌지 않아서 보통의 부모 자식 간에 있을 법한 화해도 없었다.

대개의 부모는 자식에게 매를 들고 난 뒤 후회하며 마음 아파하고 자신을 돌아보며 이게 최선이었는지 자책을 한다. 그러나 영희와 어머니 사이에는 그런 것이 없다. 모녀는 미움을 쌓고 서로를 전혀 용납하지 않으며 방어막을 세웠다.

영희가 야간고등학교를 다니며 낮에 일하던 치과에서 벌인 의사와의 치정사건은 어머니에게는 용서할 수 없는 잘못이다. 비록 하층민으로 살지라도 그들과 구별되는 고귀함에 흠집을 냈고, 남편 없이 이겨낸 세월에 대한 모욕이기 때문이다. 이후 어머니는 영희를 더욱 내몰고 영희는 어머니에 대한 증오를 키운다.

가끔 나이가 들어가는 어머니의 주름진 목덜미를 보거나 과거의 기억과 관련된 어머니의 고난에 대한 본능적 연민이 느껴져 다가가면 바로 밀어내는 어머니로 인해 영희는 더욱 증오를 키우며 멀어진다. 어머니는 영희의 일거수일투족을 못마땅해 하고 그런 어머니에게서 영희는 도망치고 싶어 한다. 이들 모녀는 한 공간에 있는 것조차 가능하지 않은 사이다.

영희도 자신의 원래 신분에 대한 자부심이 있다. 그녀는 도시의 밑바닥을 헤매고 있을 때조차 그것을 잊지 않는다. 비록 현재의 처지가 비참해도 자신은 다른 사람들과 같지 않다고 스스로 끊임없이 일깨운다. 영희는 세상을 향한 복수를 꿈꾸고 있으나 그 구체적인 대상은 어머니다.

어머니는 명훈과 인철, 옥경에게는 한없이 자상하고 끊임없이 염려하며 보살피면서 왜 영희에게 그렇게 냉정했을까? 실제로 어머니는 자식에 대한 책임과 애정이 끔찍하다. 경제적 이유로 인철, 옥경과 떨어져 살기로 했을 때 그녀는 이별을 앞두고 갖고 있던 돈을 전부 털어 극장에 가서 영화를 보고, 비싼 저녁식사를 하고, 깨끗한 여관에서 다 큰 자식들을 양쪽에 하나씩 품고 하룻밤을 보낸다. 명훈의 반복되는 일탈과 객기에도 불구하고 그를 집안의 장손으로 존중하고 믿어주며 명훈을 찾아온 여자에게도 각별함을 보인다. 그러나 영희에게만은 그렇게 하지 않았다.

성장 과정에서 형제들 중 유독 사랑을 받지 못했다고 생각하는 경험이 있는 사람이라면 아마도 그것에 대해 끊임없이 스스로에게 질문해보았을 것이다.

'우리 엄마는 왜 나한테만 그랬을까.' '우리 아버지는 나에게 왜 그랬을까.'

이것은 절대로 답을 낼 수 없는 질문이다. 어쩌면 영원히 정답을 알 수 없을지도 모른다. 부모 자식 간의 관계는 논리적으로 설명할 수 있는 것이 아니다. 모든 것을 사랑에 엮어서 답을 내려하기 때문에 원래 답을 찾을 수 없다.

영희의 불륜을 알았을 때 어머니는 가위로 영희의 머리를 전부 잘라버린다. 그녀는 차가운 가위가 머리에 닿는 순간 죽음과도 같은 공포를 느낀다. 머리 때문에 바깥출입을 못하는 영희와 어머니는 한방에서 몇 달이 지나도록 서로를 쳐다보지도 않고 대화는 필요한 사항만 제삼자를 통해서 한다. 잘못에 대한 비난만 있을 뿐, 위로까지는 아니더라도 이해와 용서는 없었다.

이들은 서로에게 더 깊은 상처를 주기 위해 작심한 것처럼 보인다. 절대 자신을 돌아보는 법 없이 상대가 나에게 끼친 피해만 생각할 뿐이다.

서울에서 미장원을 하며 자리 잡은 영희의 집을 방문한 어머니에게 영희는 과한 지출을 한다. 들뜨고 자연스럽지 않은 모녀의 재회는 지켜보는 인철을 불안하게 한다. 결국 미장원을 차린 것이 불륜의 대가임을 알게 된 어머니는 영희가 가지 말라고 옷고름을 잡자 그 옷고름을 잘라버리고 냉정하게 돌아선다. 이것으로 모녀의 인연은 끝난 것처럼 보인다. 실제로 그 후 영희는 어머니를 찾지 않고 자기의 길을 간다. 소설의 끝에서야 모녀는 해후한다. 영희는 더 나이를 먹었고 어머니는 더 늙어 있었다. 영희는 밑바닥 삶에서 위로 올라가느라 잊고 살았던 핏줄에 대한 뜨거움을 순간적으로 느끼지만 이것이 모녀의 화해는 아니다.

"깨물어서 아프지 않은 손가락이 없다"는 말이 있다. 부모의 자식에 대한 애정의 공평함을 빗대어 이른 것이다. 그러나 영희처럼 그렇지 않은 경험을 한 사람이 많을 것이다. 비교당하고, 선택의 앞뒤에 서고, 똑같은 효도를 해도 받아들여지는 정도가 다를 때 우리는 부모의 사랑이 자식 간에 다름을 의심한다.

하지만 부모의 입장에서 생각할 때 자식을 위한 헌신이 억울하게 느껴지는 순간도 있을 것이다. 똑같이 사랑을 주었는데 사랑의 대상이었던 자식들이 그 사랑에 순서와 양을 매긴다면 그것 또한 상처가 될 수 있다.

너무 많은 상처를 주고받으면 피를 나눈 관계인 가족일지라도 해결의 방법을 찾기 어렵다. 증오보다 애증은 더 뿌리가 깊고 오래 간다.

《도둑일기》

김용성의 소설 《도둑일기》의 삼형제는 각자 다른 성향을 갖고 있다. 서로 너무 달라서 상처를 받기도 하고 또 치유가 되기도 한다. 그러나 결국 형제라서 서로에게 힘이 되는 관계를 보여준다.

한수, 중수, 성수 삼형제는 6.25로 아버지를 잃고 어머니마저 병으로 잃는다. 어머니는 죽어가면서 삼형제에게 도둑질하지 말고 정직하게 살아야 한다는 유언을 남긴다. 졸지에 고아가 된 이들은 고모네 집에 얹혀살게 된다. 고모는 시장에서 음식장사를 하는 그리 넉넉지 않은 형편이지만 삼형제를 거둔다.

고모부와 고모의 아들 동호는 이들 삼형제를 달가워하지 않는다. 자신들의 몫을 나누어 삼형제를 먹여야 하기 때문이다. 첫째 한수는 열다섯 살이므로 상황을 파악하고 홀로서기에 대한 필요성을 절감한다.

한수는 동생들을 데리고 구두닦이에 나선다. 구두닦이 통을 만들기 위해 널빤지를 야적장에서 훔치는 것으로 첫 번째 도둑질을 시작한다. 그리고 구두 닦는 천을 구하기 위해 성당에 들어가 의자를 감싼 벨벳 천을 잘라오는 것으로 두 번째 도둑질을 한다. 거칠고 용감하며 리더의 카리스마를 가진 한수는 그런 행동에 대해 당당하고 목적을 위한 수단을 정당화한다. 그러나 막내 성수는 죄를 짓는 것에 대한 부당함을 형들에게 말한다. 그리고 둘째 중수는 그냥 형에게 의지하고 자의인지 타의인지도 판단하지 못한 채 형의 도둑질을 돕는다.

한수의 친구인 길남의 안내로 삼형제는 전선 가까운 파주 쪽으로 구두닦이를 나서지만 큰돈을 벌지는 못하고 오히려 모아놓은 돈을 도둑맞는다. 다시 서울로 온 한수는 길남과 본격적으로 도둑질을 시작한다. 달리는 열차에서 석탄을 떨어뜨려 모아 파는 일이었다. 그 일을 상당히 계획적이고 치밀하게 진행한 덕분에 한수는 돈을 많이 모아 공터에 가건물을 세운다.

한수는 가건물에 '서울종합물산'이라는 간판을 달고 석탄, 고무, 유리 등을 수집해 넘기는 일을 시작한다. 그 후 더 규모를 키워 목재상으로 발전한다.

막내 성수는 벨벳을 훔치러 들어갔을 때 만났던 신부의 배려로 성당에서 먹고 자며 복사를 하고 야간학교를 다닌다. 한수는 사업에 눈을 뜨고 점점 건장한 청년이 되어간다. 중수는 형 덕분에 학교를 다니고 공부에 매진해 좋은 성적을 유지한다. 그리고 소설가가 되려는 꿈을 구체화한다.

중수는 그곳의 땅주인인 오 사장의 딸 연주를 짝사랑한다. 그러나 연주가 형을 사랑하고 있음을 알게 되면서 형에 대한 원망이 생긴다. 중수는 형과 연주가 만나는 장면을 목격하고 배신감으로 깊은 슬픔을 느낀다. 그리고 형에게서 독립하기로 결심한다.

중수는 쌀가게에 취직해 그곳에서 먹고 자며 새벽부터 밤늦게까지 일을 하고, 낮에는 학교에 나가는 것으로 형에게서 벗어난다. 그렇게 혼자 사는 것을 형은 못마땅해하지만 중수의 고집을 막지 못한다. 중수는 판검사가 되기를 바라는 형의 바람 대신 소설가가 되기 위해 국문과를 진학한다. 그리고 성수는 신학교에 들어간다.

삼형제는 한 핏줄이지만 매우 다른 개성을 갖고 있다.

한수는 남자답고 과감하며 진취적이다. 그는 책임감이 강하고 목표를 향해 돌진한다. 그가 도둑질에 나선 것은 동생들을 책임지기 위해서였으며, 더 잘살겠다는 집념에서였다. 아마도 동생들이 없었어도 한수는 혼자서 도둑질을 하며 살아남았을 것이다.

중수는 지적이고 생각이 많다. 생각이 많아서 두려움도 많다. 그는 현실과 적당히 타협도 하지만 목적과 수단 사이에서 고민을 한다. 그가 한수의 도둑질에 동조하면서도 끝없이 갈등한 것은 그런 이유다. 하지만 누군가 잠시 풀러놓은 시계를 갖고 와서 감춰두는 행동을 보면 중수도 완전히 도덕적이지는 않다.

성수는 연약해 보이지만 오히려 단호하고 상처를 받으면 대갚음

하지 않는 선량함을 가졌다. 그가 벨벳을 훔치러 성당에 들어가서 신부를 만난 것은 운명적인 만남과도 같다. 성수는 신부를 만날 운명이었고, 성직자의 길을 택한 것도 그가 갖고 있는 성정에 대한 예정된 수순이었을 것이다.

이들은 형제이지만 서로 너무 다른 성향을 갖고 있었기에 각자의 길을 갈 수 있었다. 만약 모두 같은 성향을 갖고 있었더라면 삼인조 강도가 되었을 수도 있으며, 가난에서 벗어나지 못하고 함께 도시의 밑바닥을 전전했을 수도 있다. 그러나 이들은 각각의 다름으로 인해 어느 정도의 성공을 거둔다.

이들은 서로에게 거울이자 자각의 대상이 된다. 삼형제가 서로를 보며 자각하는 것은 아주 긍정적인 삶의 모습이다. 특히 한수는 맏형으로서 자신의 희생에 대해 공치사를 하고 동생들이 무조건 자신에게 복종해야 한다고 강요할 수도 있었지만 그렇게 하지 않았다. 그는 형답게 자신이 도둑질하여 번 돈으로 동생들의 생계를 책임졌고, 자신의 행동에 반기를 드는 동생들을 너그럽게 품어주었다. 그렇다고 무조건 희생하고 자신을 돌보지 않은 것은 아니다. 자신을 위해 투자하고, 동생들을 다그치고 혼내며 형으로서 권력을 행사했지만 동생들을 품는 깊은 애정도 갖고 있었다.

그래서 이들의 다름은 서로에게 긍정적으로 작용했다. 서로의 다름을 틀린 것으로 생각하지 않고 받아들이고 포용한 것이다. 보통의 가족 관계는 서로 다른 것을 틀린 것으로 간주하고 갈등이 생기는 경우가 많기에 한수 유형은 가족 관계에서 모범이 될 수 있다.

성장하는 동안 가족은 서로에게 세상의 일부분이 된다. 가족을 통해 사람을 배우고 인생을 배워서 사회로 나간다. 다른 사람과의 관계를 어떻게 맺고 유지하는가를 보면 그가 어떤 가정에서 자랐고 뭘 배웠는지를 알 수 있다. 그래서 한 사람의 성장 과정은 삶에 도움이 되기도 하고 해가 되기도 한다.

　《도둑일기》의 삼형제는 부모가 없었지만 서로에게서 세상의 일부를 충실히 배울 수 있었다. 오기를 가진 호전적인 형과 생각이 많으며 중도적인 둘째와 도덕적인 막내라는 기막힌 조합으로 험한 세상을 헤쳐나가고 마침내 우뚝 섰다.

　가족은 갈등을 통해 화해를 배우고 그 근본에 사랑이 있음을 인식할 수 있는 가장 좋은 관계여야 한다. 만약 갈등이 갈등으로 끝나버려 그 후에 아무것도 얻은 것이 없게 되면 가족 구성원들의 인생 전반에 영향을 줄 수 있다. 그래서 가족과의 관계를 어떻게 맺고 그들에게 어떻게 행동하는가가 매우 중요하다.

　잠시 나의 가족을 떠올려보라. 나의 가족은 나에게 어떤 행동을 하는가. 그리고 나는 가족에게 어떻게 행동하는가. 이것은 존재의 의미나 가치라는 추상적인 것보다 훨씬 사실적이고 정확하다. 또한 풀기 쉽지 않은 숙제며 고민거리다.

책으로 치유하는 시간

내가 어떤 가족을 가졌는가는 인생 전반에 영향을 끼친다. 어떤 가족인가의 기준은 그들이 나에게 어떤 존재인가를 말한다. 가족 때문에 부끄럽고, 자랑스럽고, 마음 아프면서도 가족은 나의 운명이다. 상처를 주고받고 갈등의 시간이 길었어도 다시 화해하고 사랑할 수 있는 것은 가족이기 때문이다. 다만 어떻게 사랑하는가가 중요하다.

그것은 아마도 우리에게 평생의 숙제로 따라다닐 것이다.

CHAPTER 8

타인의 상처

어렸을 때는 어른들을 이해하지 못하는데, 어른이 되면 어린 세대를 이해하지 못한다. "요즘 젊은 것들"이라는 말은 동서고금을 막론하고 수천 년간 계속된 화두다. 기원전 280년 태생인 전국시대의 법학자 한비자는 그의 저서에서 "요즘 젊은 것들은 부모가 화를 내도 고치지 않고, 동네사람들이 욕해도 움직이지 않고, 스승이 가르쳐도 변할 줄 모른다"고 했다. 또 기원전 470년에 태어난 소크라테스도 "요즘 애들은 버릇이 없다"고 말했다. 세대의 차이는 문화의 차이고, 이것은 경험에서 비롯된다. 그래서 원래 이해할 수 없는 구조다. 그러나 사람 사이에 이해를 가로막는 것이 세대 차이뿐이겠는가.

세대가 비슷해도 이해할 수 없는 것은 너무 많다. 성격, 환경, 현재 상황들이 달라서 이해하기 어렵다. 또한 아무리 친한 친구 사이라도 마음이 같지 않다. 이견은 다양함을 체험할 수 있는 좋은 환경이지만 같은 것보다는 덜 좋은 것이 사실이다.

다른 사람을 온전히 이해하는 것은 결코 쉽지 않다. 나의 수많은 감정도 헤아리기 쉽지 않은데 다른 이들의 감정까지 전부 이해할 수 있겠는가. 하지만 이해할 수 없는 남의 감정이라고 해서 방치하면 관계가 틀어질 수 있다. 그중에서 타인의 상처에 따른 감정은 간과해서는 안 된다.

다른 사람의 기쁨에 대처하는 것은 어렵지 않다. 그의 기쁨을 이해하지 못하거나 덜 기뻐해줘도 그 사람은 현재 기쁘기에 상처받지 않는다. 그러나 힘들 때는 다르다. 상대가 힘든 일을 겪고 있을 때

책으로 치유하는 시간

나의 태도는 꽤 큰 영향을 준다. 그저 덜 위로해줬을 뿐인데 그것이 원망으로 남을 수 있다. 그것은 아마도 공감하지 않고 동정해서 그럴 것이다.

동정(Sympathy)과 공감(Empathy)은 다르다. 힘든 상황을 단지 머리로 이해하고 있다면 동정이고 마음으로 느꼈다면 공감이다. 동정은 일방적으로 취할 수 있는 감정으로 모르는 사람에게도 가능하다. 그러나 공감은 그를 이해하기 때문에 그의 상황을 마음으로 함께 느끼는 것이며 행동이 뒤따른다. 그러므로 친밀한 관계에서 동정을 하는 것은 상처를 주는 행위다.

입장을 바꿔서 내가 다른 사람들에게 동정을 받고 있다고 가정해보자. 기분이 좋지 않을 것이다. 그러나 사람들이 내 상황에 공감하고 있다면 꽤 위로가 된다. 거기에 나를 위해 행동으로 공감을 드러낸다면 상처는 꽤 많이 치유될 수 있다.

그런데 요즘 우리는 공감에 익숙해져 있다. 누구나 내가 하는 말에 공감하고 있다는 표현을 하기 때문이다. 이것은 순전히 SNS 때문이다. 우리는 그저 말뿐인 공감의 표현에 익숙해졌고, 그래서 언제부턴가 이견을 견디기 힘들어졌다. 내 말에 찬성하지 않으면 우선 기분부터 나쁘다. 가짜로라도 긍정의 표현을 해줘야 흡족하다. 돌아서면 진심이 아님을 알게 될지언정 우선은 진심보다 드러난 표현에 민감해져버렸다. 그리고 드러난 갈등에는 더 민감해져서 쉽게 상처받는다.

각자 입장이 다른 것은 당연한 것이지만 그걸 받아들이기는 힘들다. 서로 노력해야 상대방의 입장을 이해할 수 있을 텐데 그 과정이 쉽지 않다. 어떻게든 해결이 되는 경우도 있지만 아무리 해도 갈등 해결의 실마리가 보이지 않는다는 것은 쌍방이 당신의 처지에 대해 관심을 갖지 않겠다고 하는 것과 같다. 입장이 다르다는 것은 만나지 않는 평행선에 각각 서 있는 것이다. 내 입장만 주장하다보면 서로에게 남는 것은 상처뿐이다.

베르나르마리 콜테스의 〈목화밭의 고독 속에서〉는 서로 다른 입장을 극명하게 보여주는 희곡이다. 등장인물은 딜러와 손님이라는 반대의 목적을 가진 두 사람으로 현대사회에서 어쩔 수 없이 한 공간에 있어야 하는 이질적인 사람들의 만남을 단편적으로 보여준다.

딜러가 파는 물건이 어떤 것인지도 모르고, 사려는 사람의 의도도 나와 있지 않다. 단지 물건을 팔기 위한 목적과 사지 않으려는 의도가 충돌하고 결국 아무런 결실 없이 서로 상처만 가득 안고 끝나버린다. 대화는 함축적이고 상징적이며 포괄적이어서 어떤 경우에든 해당되는 내용이므로 읽는 동안 공감이 간다. 그 이유는 바로 이런 대화를 우리가 다른 사람들과 하고 있기 때문이다. 딜러와 손님은 유창한 달변으로 자신의 이야기만 늘어놓기 때문에 그들의 대화는 상대의 마음에 들어가지 못한 채 서로를 할퀴기만 한다.

우리는 하루에도 수차례 딜러와 손님처럼 상반된 입장에 처한 사람들과 만나고 있다. 설득자와 설득당하지 않겠다는 입장만 바뀔 뿐 늘 이런 관계가 이어지고 있다.

서 로 다 른 상 처 를 가 진 각 자 가 함 께 살 아 가 는 법

《사막을 건너는 법》

서영은의 소설 《사막을 건너는 법》은 서로를 전혀 이해하지 못하는 공허한 관계를 보여주는 소설이다.

미술을 전공하고 있던 주인공 그는 대학 재학 중 입대했고 베트남 전쟁에 파병된다. 전쟁에서의 공로로 훈장을 받고 전역한다. 현실로 돌아오니 일상적인 것들이 오히려 낯설다. 현실을 직시하지 않고 뒷걸음치는 그의 태도에 입대 전부터 사귀던 연인 나미는 그에게 현실로 빨리 돌아오라고 다그친다. 그는 전쟁터에서의 상황을 나미에게 말해주지만 그런 것을 경험한 적이 없는 나미는 공감하지 못한다.

그의 화실 창밖으로 보이는 곳에 설탕 볶기를 만들어 파는 노인이 있다. 어느 날, 그는 노인이 물웅덩이에서 무언가를 찾고 있는 모습을 본다. 노인이 찾는 것은 베트남 전쟁에서 전사한 아들이 받은 훈장이다. 노인은 그 훈장을 웅덩이에 빠트려 애타게 찾고 있었다. 그는 그 훈장이 자신이 받은 것과 같은 을지무공훈장임을 알고 노인 몰래 자신의 훈장을 웅덩이에 던져놓고 찾아낸 척한다. 그러자 노인은 화를 내고 가버린다. 그는 노인이 훈장을 일부러 버린 것임을 알게 된다. 훈장은 아들 죽음의 대가이기에 노인은 그것을 버린 것이다.

주인공 그는 전투 중인 부대에 줄 식수를 트럭에 싣고 가던 중 공습을 당한다. 옆자리의 동료가 죽고 그도 부상을 입은 채 운전을 해서 목적지에 도착한다. 그 공로로 훈장을 받았다. 전역 후 훈장을 왜 받았는지를 묻는 나미에게 그 상황을 이야기해준다. 총에 맞아 앞으로 고꾸라져 있는 동료에게서 흘러나온 피가 바닥에 흥건히 고여 있고, 자신의 팔에서 쉴 새 없이 흘러나오는 피를 보며 운전을 했다고 말한다. 그 이야기를 들은 나미는 그러면 베트콩을 못 죽여본거냐고 묻는다. 피비린내 나는 전쟁터와 죽어서 쓰러져 있는 전우, 작렬하는 포화 소리가 그녀에게는 그저 비현실적인 전쟁 이야기일 뿐인 것이다.

그는 자신이 받은 무공훈장을 보며 그것은 그저 작은 쇠붙이임을 느낀다. 어느 곳에서의 치열한 생존이, 어느 곳에서는 그저 이야기의 한 대목일 뿐이다. 그는 사막을 건너는 것은 애당초 틀린 일이거나 아니면 무감하게 건너는 방법이 최선이라고 생각한다. 이 세계를 덮고 있는 것은 허망함과 무의미함이라고 결론 내린다.

책으로 치유하는 시간

설탕 볶기 노인은 그것을 이미 알고 있었다. 노인은 이 허망하고 무의미한 삶에서 벗어나고 싶어서 거짓말을 한다. 일 년 전에 교통사고로 죽은 손녀를 집에 있는 것처럼 거짓말하고, 병들어 버려진 개를 데리고 다니며 아들이 키우는 개라고 거짓말한다.

노인은 아들과 손녀의 죽음으로 세상의 가장 극한 슬픔을 겪었다. 그에게 이제 중요한 것은 없다. 노인이 거짓말을 하는 것은 노인만의 사막을 건너는 법이다. 아무런 희망이 없는 노인에게 거짓말은 세상을 살게 하는 힘이다.

전쟁을 겪은 그와 겪지 않았지만 다른 전쟁을 치르고 있는 노인은 베트남 전쟁의 후유증을 겪고 있지만 다른 상처를 안고 있다. 그는 전쟁을 직접 겪고 그 참상을 목격했지만 다시 현실로 돌아와 일상에 합류했다. 전쟁의 기억만 아니면 물리적으로 잃은 것이 없는 원점이다. 그러나 노인은 전쟁 전으로 돌아갈 수 없게 되었다. 그는 너무 많이 잃었고 회복불능이 되었다. 이 두 사람은 상처의 원인은 같지만 현재의 삶이 다르다. 게다가 노인은 젊지 않기에 두 사람의 다름은 더 확실하다. 거기에 나미의 몰이해를 통해 어떤 상처를 어떻게 받고 어떤 삶을 살고 있든 사람들은 각자 자신의 상처만 보고 있음을 알 수 있다.

우리도 저마다 사막을 건너는 방법이 다르다. 사람도 다르고 상처의 내용도 다르니 건너는 방법이 다를 수밖에 없다. 상처의 경중은 중요하지 않다. 결국은 모두 자기 입장만을 보게 되니 말이다. 각자의 삶을 건너가는 일도 쉽지 않은데 남의 상처까지 들여다보는 일은 결코 쉽지 않다.

그러나 소설 속의 그는 노인을 이해하고 있다. 적어도 그는 희망이 있는 사람이다. 그가 자신의 훈장을 노인에게 주려고 했던 것은 그가 타인의 상처를 볼 수 있는 사람이기 때문이다. 그는 전쟁의 참혹함을 직접 보았고 경험했으므로 이제 남의 상처도 보게 되었다.

상처가 있는 사람은 남의 상처를 볼 수 있는 눈이 생긴다. 타인의 상처를 이해한다는 것은 머리가 아니라 가슴으로 이해할 때 가능하고, 그것이 바로 진정한 공감이다. 공감은 타인의 상처를 이해하는 가장 좋은 방법이다.

책으로 치유하는 시간

반대의 입장에서
같은 상처를 통해
느끼는 공감

《아우와의 만남》

이문열의 소설 《아우와의 만남》에는 완전히 반대의 입장에 있지만 자신이 갖고 있는 상처 때문에 상대방의 상처에 공감하는 배다른 형과 아우가 등장한다.

소설에서 1인칭 나인 이교수는 아버지가 북쪽에 있다. 비록 만날 수 없는 환경이지만 그래도 한 번은 아버지를 만나야 한다는 의무감과 그리움을 갖고 있다. 헤어질 때 아버지의 나이는 삼십대 중반이었고 지금은 여든에 가까운 고령이 되었을 것이므로 이교수는 아버지를 빨리 만나려고 조급해한다. 그는 안면이 있는 연길대학 류교수의 주선으로 북쪽을 자유로이 오가는 사람에게 돈을 주고 아버지와의 만남을 추진한다. 그러나 만남이 성사되었을 때 아버지가 1년 전에 죽었다는 소식을 듣는다. 아버지의 기일이라도 알아야 제사를 지낼 수 있다는 생각으로 북쪽에 있는 배다른 형제 다섯 남매 중 맏이를 만나기로 한다.

아버지는 북쪽에서 결혼을 했고 다섯 남매를 두었는데 이 사실은 이교수를 내내 괴롭혀왔다. 어머니와 자신을 포함한 삼 남매를 두고 월북을 한 아버지로 인해 겪은 고난으로 인해 이교수는 아버지를 항상 원망했다. 그런데 북쪽에서 결혼까지 하고 많은 자녀를 둔 것은 그로서는 용서가 안 되는 일이었다.

이교수는 아우를 만나기로 했지만 한 번도 본 적이 없는 배다른 아우를 만난다는 게 서먹하고 어색해서 마음이 편치 않다. 그러나 호텔방으로 들어서는 아우의 얼굴을 보자 왠지 낯이 익다. 오래전 죽은 동생과 비슷한 얼굴에 잔나비허리라고 불리는 문중의 신체적 특징을 그대로 갖고 있기 때문이다. 게다가 북쪽의 동생들이 다 문중의 돌림자를 그대로 쓰고 있다는 걸 알자 가슴이 뭉클해진다.

하지만 막상 대화가 시작되자 형제는 확연히 다른 입장을 갖고 있는 사람들임이 드러난다. 아우는 남쪽에 대한 편견을 갖고 있어 이교수가 말하는 것마다 거스르는 말을 한다. 그가 갖고 있는 자본주의 사회에 대한 부정적 시각으로 인해 이들의 대화는 순조롭게 이어지지 못한다. 아우는 내심 무엇인가를 숨기며 견제와 비판의 눈빛을 거두지 않는다.

그러나 이교수의 제안으로 혜산으로 가서 두만강 변에 간단한 제사상을 차려 제사를 지낸 후 음복을 하며 형제는 서로의 진심을 드러낸다.

책으로 치유하는 시간

아우는 남쪽 아버지 고향에 대해 물어본다. 그는 그동안 아버지에게서 고향이야기를 자주 들었기에 고향 주변에 있는 지명들을 이미 다 알고 있다. 이교수는 그 모습을 보며 아버지의 끈끈한 애정이 느껴져 가슴이 저린다.

아우가 떠나기 전날 이교수는 호텔로 찾아온 아우에게서 아버지 이야기를 더 듣게 된다. 한없이 자애로운 아버지의 눈길을 느끼다가도 다른 누군가를 보고 있는 듯한 느낌을 자주 느꼈으며 성적표를 받아와도 누군가와 비교당하는 느낌이 들었다는 아우의 고백을 듣는다. 이교수는 원망스러웠던 아버지가 남쪽 식구들에 대한 그리움을 갖고 있었음을 알게 된다. 아버지는 남쪽에 가족이 있었으므로 북쪽에서 능력만큼 인정받지 못하고 살았으며 아우의 가족들은 늘 이념을 의심받으며 살고 있었다. 그들에게 서로의 가족은 재앙이었던 셈이다.

이교수는 이제 자신을 만나기 위해 새로 해 입은 아우의 양복이 안쓰러울 정도로 그가 가깝게 느껴진다. 그는 필요한 데 쓰라고 아우에게 돈을 쥐여주고, 아우는 공손하게 받는다.

형제는 긴 세월 동안 쌓인 서로의 상처를 알아보았다. 이들이 짧은 만남에서 상처를 알아보고 이해한 것은 자신이 갖고 있는 상처 때문이다.

타인의 상처는 결국 나도 갖고 있는 상처다. 우리는 비슷한 일로 상처 받고 있기 때문이다. 다만 나는 내 삶을 살고 있고, 다른 이들은 그들의 삶을 살고 있어서 그것을 돌아볼 여력이 없을 뿐이다. 하지만 의지만 있다면 내 상처와 비슷한 무늬의 타인의 상처를 이해하는 것은 절대 어렵지 않을 것이다.

아무리 입장이 다르더라도 그 다른 입장은 한때 내가 겪었던 것일 수도 있고, 앞으로 내가 겪을 수도 있는 것이다. 인간사란 각자의 수없이 다양한 모습 속에 지극히 단순한 원형을 갖고 있기 때문이다.

나 자신을 이해하는 것도 어려운데 타인을 이해하는 것은 결코 쉽
지 않다. 그래서 이해하는 척하고 있는 것이 최선일 때가 많다. 좋
은 방법은 상대와의 공통점을 찾는 것이다. 그중에서도 과거 같은
상처를 겪은 경험이 있으면 이해를 넘어 공감되는 효과가 있다.
타인의 상처는 그를 이해하는 것만으로도 치유해줄 수 있다.

CHAPTER 9

욕망의 굴레

평정심을 유지할 수 없는 상황이 있다. 이럴 때는 의지보다 본능이 앞선다. 본능은 위기의 상황에서 본모습을 드러내며 한번 풀린 고삐는 다잡기 쉽지 않다.

제2차 세계대전 당시 아우슈비츠의 유태인 학살책임자였던 아돌프 아이히만은 600만 명에 이르는 유태인 학살의 주범 중 한 명이다. 힘들이지 않고 한꺼번에 많은 유태인을 죽이기 위해 한곳에 모아놓고 독가스를 살포하는 방법을 고안해낸 것도 바로 그다. 그는 전쟁 후 수용소에 갇혔으나 탈출하여 아르헨티나로 가서 이름을 바꾸고 살았다.

세월이 흘러 그의 아들이 여자친구를 사귀었는데 그녀는 유태인이었고, 아버지가 홀로코스트에서 살아남은 생존자였다. 그 사실을 모르는 아들이 여자친구에게 아버지의 학살행위를 자랑했고 수사망에 걸려들었다. 모사드요원이 부에노스아이레스 거리에서 아이히만의 사진을 몰래 찍었고 사진 대조 결과 그로 밝혀지자 그는 체포되었다.

하지만 재판에 세우고 보니 그는 악랄한 모습을 한 악인도 아니었고, 카리스마도 없었다. 극악무도한 살인마가 아니라 그저 국가의 명령에 순응했던 평범한 사람이었다. 원래 그는 군인도 아니었으며 전쟁 전에는 평범한 영업사원이었다.

집단에서 흔히 발생하는 '군중심리'라는 것은 대부분 이런 경우다. 나중에 논리적으로 따져보면 도무지 앞뒤가 맞지 않고 합당한 이유를 찾을 수가 없지만 그 당시 멈추지 못한 것은 그 분위기에 압

책으로 치유하는 시간

도당했기 때문이다. 강하게 끌리고 욕망이 만족되면 그 성과에 흡족해서 돌아볼 겨를이 없다. 멈춰지지가 않아서 그저 앞으로만 달려간다.

하지만 곧 자각의 시간이 찾아오고 돌이킬 수 없는 행적들에 대해 회한이 깊어진다. 이어서 이런 상황을 몰고 온 대상에 대해 적개심을 갖고 분개하기 시작한다. 결국 군중심리의 동조자들이나 피해자 모두 참혹한 상처에 시달린다.

개인의 감정을 휩쓰는 욕망의 마취제 군중심리

《파리대왕》

윌리엄 골딩의 소설 《파리대왕》은 극한 상황에서 어떤 형태의 감정이 가장 우위를 점하는가를 보여주고 있다.

비행기가 무인도에 불시착하고 5세에서 12세까지의 소년들 25명이 살아남는다. 소년들 중에는 성가대원이 많았고, 성가대의 리더는 거칠고 오만한 잭이다. 이들은 어떻게든 살아남아야 했고 25명의 공동체를 이끌어갈 책임자가 필요했다. 소년들은 성가대원이 아닌 랠프를 대장으로 뽑는다. 성가대원들은 대부분 잭이 책임자가 될 것이라고 생각했지만 그중의 많은 소년이 잭을 뽑지 않았으므로 랠프의 표가 더 많았다. 랠프는 금발에 매력적인 외모와 조용하면서도 압도하는 분위기를 가진 소년이다.

당연히 자신이 대장이 될 줄 알고 있었던 잭은 기분이 몹시 상한다. 잭과 오랜 시간 성가대를 함께했던 소년들은 부족한 아이들을 대놓고 무시하는 잭의 처사에 불만이 많았었다. 평소에는 드러내지 못했지만 랠프라는 새로운 인물이 나타나고 새로운 장소에 있게 되자 잭에게 등을 돌린 셈이다.

랠프도 자신이 대장을 하는 것에 이의가 없고 당연하게 받아들인다.

랠프는 구조를 위한 봉화를 설치하고 주거에 필요한 오두막을 짓기로 한다. 그는 사냥을 강조하는 잭에게 성가대원 중 몇 명을 데리고 사냥을 하게 한다.

만약 이들 간에 협력이 잘 이루어졌다면 문제가 없었을 것이다. 그러나 오두막을 지으려는 랠프와 사냥을 강조하는 잭의 대립이 시작되고 멧돼지 사냥을 하는 잭의 세력이 커진다. 사냥은 먹을거리를 확보하는 것과 직결되므로 소년들은 고기를 먹을 수 있다는 점에 매력을 느껴 점점 많은 소년이 잭의 세력에 가담한다.

랠프는 자신이 만든 공동체의 규칙을 지키려 했지만 잭이 이끄는 사냥패의 세력이 커지면서 혼란스러워진다. 랠프는 감당할 수 없는 현실 앞에서 힘들어 한다. 상황이 방향을 잃은 채 흘러가고 모든 일이 엉망이 되어 가고 있음이 확연하게 보이자 그는 어른들의 부재를 아쉬워한다. 고향에는 언제나 어른들이 있었고 그 앞에서 공손하게 어떻게 할 것인가를 물어보면 답을 알려주었던 그때를 그리워한다.

랠프를 지지하는 몇 안 되는 소년들은 잭의 위협에 두려움을 갖는다. 잭은 포획한 멧돼지를 전리품처럼 과장되게 드러내며 자신의 위치를 확고히 하려고 점점 더 냉혹하고 잔인하게 변해간다.

안경, 소라, 불과 같은 평범한 일상이었다면 별것 아니었을 물건들이 이들의 갈등과 반목의 원인이 된다. 고기 맛에 끌려 잭에게 가담한 소년들은 멧돼지를 쫓느라 무리로 몰려다니며 괴성을 지르고 점점 이성을 잃어간다. 그들은 야만적이고 광기에 가까운 자신들의 모습을 즐긴다. 결국 새끼돼지(뚱보소년)와 사이먼이라는 아이가 사냥패에게 죽임을 당한다. 그리고 랠프마저 잡혀 죽기 일보 직전에 잭 일당이 지른 불을 보고 영국 해군장교와 군인들이 섬에 도착한다. 그리고 소년들은 구조된다.

어른들의 출현과 더불어 이들의 잔인했던 비행은 바로 정지된다. 소설의 마지막 장면은 군중심리에 휩쓸렸다가 제정신으로 돌아온 인간의 모습을 그대로 보여준다.

랠프를 죽이기 위해 쫓던 소년들은 몸에 색칠을 하고 손에는 창을 들고 있었다. 장교의 눈에 그 모습은 우스꽝스럽게 보였으므로 장교는 소년들이 재미있는 놀이를 했다고 생각한다. 장교가 이중에서 누가 대장이냐고 묻자 앞으로 나서려는 잭보다 랠프가 먼저 나서서 자신이 대장이라고 말한다. 이것보다 더 잘할 수 있었지 않냐고 묻는 장교에게 랠프는 처음에는 합심이 되어 잘해나갔다는 말을 하다가 이내 울음을 터뜨린다. 그러자 다른 소년들도 모두 울기 시작한다. 그들은 다시 그 나이에 맞는 소년으로 돌아온 것이다.

가학의 열정은 한번 시작되면 점점 가열되어 중단하기 어렵다.

책으로 치유하는 시간

미움이라는 감정의 속성은 대부분 그렇다. 미움은 꼬리에 꼬리를 물면서 부정적인 더 많은 감정을 끌어들인다. 도무지 멈출 수 없는 그 감정의 질주를 끝내고 싶지만 멈춰지지 않는다.

《파리대왕》은 소년들의 본능을 통해 인간의 본성과 사회의 특성을 말하고 있다. 계급에 대한 욕망, 더 강한 조직을 만들어서 라이벌 조직을 물리치고 싶은 욕망, 조직의 유지를 위해 수단과 방법을 가리지 않고 행해지는 비행, 다른 큰 목소리에 숨어서 가학적인 행동을 가하는 잔인함은 인류의 역사에서 끊임없이 재현되는 모습이다. 특히 외부와 단절된 공간에서 도덕성이나 인성이 실종되는 모습을 흔히 볼 수 있다.

욕망을 향한 소년들의 군중심리와 동조는 우리의 모습과 다르지 않다. 선택의 여지가 많지 않을 때 멈추지 못하고 계속 극단으로 흘러가 상황은 악화되고 결국 후회스런 선택을 하게 된다. 극한 상황에 이르면 본능은 고개를 들고 본모습을 그대로 드러낸다. 그리고 그 상황이 지나가면 제어하지 못한 자신에 대한 부끄러움으로 인해 상처가 남게 된다.

각자의 욕망에 집착한 위험한 가족

《테레즈 라캥》

에밀 졸라의 소설《테레즈 라캥》은 억압된 욕망이 분출되면 얼마나 파괴적인지 그리고 욕망으로 맺어진 관계의 끝이 어떻게 되는지를 보여주는 작품이다.

테레즈는 부모가 죽자 고모인 라캥 부인에게 맡겨진다. 라캥 부인은 남편 없이 혼자 아들을 키우며 살고 있다. 그는 테레즈의 사촌 오빠인 카미유다.

카미유는 허약하여 늘 약을 먹고 병색이 짙다. 라캥 부인은 건강하지 못한 아들에게 지극정성을 다한다. 테레즈와 카미유가 성년이 되자 라캥 부인은 둘을 결혼시킨다. 테레즈는 애정 없는 결혼생활로 인해 활기 없이 살아가던 중, 카미유의 친구 로랑에게 빠져든다. 이들은 사랑을 완성하기 위해 카미유를 살해하고 아들을 잃고 실의

책으로 치유하는 시간

에 빠진 라캉 부인은 주변 사람들의 권유로 로랑과 며느리 테레즈를 결혼시킨다.

그러나 테레즈와 로랑은 카미유를 죽인 후유증에 시달리고 그일을 공모한 서로를 증오하다가 함께 자살한다.

여기서 비극의 시작은 테레즈가 고모에게 양육되면서 자신에게 어울리지 않는 환경에 갇혀 원하지 않은 삶을 사는 데서 시작된다.

테레즈는 라캉 부인의 모자라지도 넘치지도 않는 애정을 받으며 카미유와 같은 침대에서 성장했다. 그녀는 원래 강철 같은 건강 체질이었으나 병자인 사촌 오빠와 함께 자라면서 그 환경의 영향으로 모든 활기를 잃어버렸다. 뛰어놀기보다는 실내에서 말없이 지내는 시간이 대부분이었다. 그러면서 점점 내성적으로 되어간다. 하지만 문득문득 자신 속에 숨어 있는 격렬함과 정열을 느끼곤 한다.

우리의 욕망은 억누른다고 해서 사라지는 것이 아니라 내면에 잠자고 있다가 어떤 동기를 만나 드러나게 되어 있다.

테레즈는 자신의 운명을 예감하고 있었다. 카미유와 결혼하여 이 집을 평생 떠날 수 없음을 직감했다. 그래서 그와의 결혼을 거절하지 않고 받아들였으며 그것이 그녀를 더욱 냉정하고 말없는 사람으로 만들었다.

카미유는 어려서부터 병으로 고통 받아 제대로 성장하지 못했다. 가느다란 사지는 힘이 없었고 움직임은 둔했다. 상업학교를 그럭저럭 다녔으나 어머니의 지나친 보호는 그를 더 나약하게 만들었다. 간섭을 참기 힘들어하면서도 결국 어머니의 애정과 헌신은 그에게 에고이즘을 단단히 심어주었다. 그는 편안한 것만을 찾고 자신이 좋아하는 것만 하면서 새로운 무언가를 하려고 하지 않았다. 실패도 모르고 성공도 모른 채 자신의 주변에 존재하는 것이 세상의 전부인 것처럼 살았다. 남들과 동떨어져 있어서 그 또래 젊은이들의 생각을 알지 못했고, 몸은 자랐으나 세상을 보는 눈은 어린 소년의 상태에 정지해 있었다. 테레즈와 신체를 접촉해도 어떤 떨림이나 욕망 같은 것을 느끼지 못했다.

사실 카미유는 결혼을 하면 안 되는 사람이었다. 평생 어머니에게 의지해서 살았다면 상관없었다. 그러나 그에게는 자식 사랑으로 눈이 먼 무분별한 어머니가 있었고 정해진 신붓감이 있었다.

라캥 부인은 알뜰하고 모성이 강한 여인이다. 그녀는 남편이 남긴 적은 유산을 잘 관리하며 파리로 이사 와서 테레즈의 도움을 받아 작은 잡화상을 운영하며 아들을 키웠다. 그녀는 자식을 빼앗아 가려고 닥쳐오는 무서운 병마와 투쟁했으며, 그 인내와 수고로 아들을 살려냈다. 하지만 테레즈의 인생을 중요하게 생각하지 않았다. 그녀는 자신이 사랑하는 아들을 당연히 테레즈도 사랑할 것이라는 굉장히 이기적이고 위험한 생각을 했다. 그녀는 아들 이외에는 아무것도 중요하게 여기지 않았다.

아들을 결혼시키고 나서 라캥 부인은 행복해진다. 기름지고 태평한 얼굴로 아침을 맞고, 상점에서 하루를 보내며, 밤이 되면 아들과 며느리에게 키스를 하고 자기 침실로 들어간다. 이때가 그녀의 인생에서 가장 행복한 시절이었다.

책으로 치유하는 시간

그러나 테레즈에게 결혼은 밤이 되면 계단 왼쪽에 있는 자기 방으로 들어가지 않고 카미유의 방으로 들어가는 변화일 뿐이었다. 첫날밤을 치른 다음 날 아침 아래층으로 내려온 두 사람에게서 신혼 첫날밤을 보낸 젊은 부부의 들뜬 모습은 보이지 않았다. 카미유는 변함없이 무기력하면서 침착한 모습이었고, 테레즈는 무심함과 냉랭한 얼굴을 그대로 유지하고 있었다.

그러나 로랑이라는 새로운 인물이 이들의 단조로운 인생에 끼어든다. 로랑은 카미유의 어릴 적 동네친구이며, 그와 오를레앙 철도국에서 같이 근무하고 있다. 로랑은 건장한 체격에 윤기 나는 피부를 가지고 있으며, 게으름뱅이에 동물적 욕망만을 갖고 있는 사람이다.

로랑은 누군가의 가정을 파탄 낼 만큼 매력적이지도 않고 저급한 본성을 가졌지만 테레즈의 눈에는 달리 보였다. 그의 기름진 웃음과 큰 목소리, 거칠고도 달콤한 듯한 냄새에 테레즈는 정신없이 빠져들었다.

게으른 로랑은 열심히 일해야 하는 직장생활이 견디기 힘들었다. 그는 카미유처럼 돌봄을 받으며 직장을 그만두어도 안정된 생활을 하고 싶어 한다. 그래서 카미유의 아내 테레즈에게 관심을 갖고 라캥 부인이 죽으면 받게 될 사만 프랑의 재산에 눈독을 들인다. 로랑과 달리 테레즈는 그런 것은 계산하지 않고 오직 충족되지 않는 욕망을 채우는 데 끌린다.

그녀는 자신을 암울한 현실에 처하게 한 남편과 시어머니에게 적개심을 갖고 있으므로 아무런 죄의식 없이 과감하게 로랑과 밀회를 즐긴다. 그녀의 육체는 끝을 모르는 쾌락에 빠져들고 정열이 불같이 타오르고 본능이 난폭하게 터지기 시작한다. 지금까지 억압된 욕망이 그녀를 폭주하게 한 것이다.

테레즈와 로랑은 각자의 욕망을 충족하기 위해 카미유를 죽이기로 공모하고 실행에 옮긴다. 이들은 카미유를 죽이고 결혼을 한다. 그러나 그렇게도 불타던 서로에 대한 욕망은 카미유의 그림자에 갇혀 꺼져버리고 이제는 공포감이 그 자리를 대신한다. 죽은 카미유가 발을 잡아당기고 침대를 흔드는 듯한 환상으로 고통받는다. 그리고 자신들의 결합 때문에 생긴 괴로움 속에서 상대방을 증오하기 시작한다. 뜨거운 정욕으로 사랑했지만 이제는 있는 힘을 다해 욕설을 퍼붓고 자신에게 죄가 없음을 주장하면서 상대방에게 무거운 책임을 지우려고 안간힘을 쓴다.

혹 경찰서에 신고하지 않을까 서로를 감시하고 증오의 칼날을 더욱 세운다. 결국 지쳐버린 이들은 더 이상 지금의 고통 속에서 살 수 없음을 깨닫는다. 그래서 서로를 죽이기로 결심하고 같이 독을 마신다.

이들의 대단한 야합은 서로를 더할 수 없이 상처 내며 파국으로 치닫고 끝을 맺는다.

이들의 삶을 한 명씩 들여다보면 그럴 수밖에 없었던 상황이 설명되지만 한 가족으로 놓고 보면 이들은 서로를 너무도 알지 못했다. 알지 못하는 상대에게 배려나 도움과 같은 애정 어린 행동은 불

책으로 치유하는 시간

가능하다.

어쩔 수 없이 들어온 집에서 불행한 소녀시절을 보내며 증오를 키운 테레즈, 아들의 안전이 삶의 목적인 이기적인 라캥 부인, 허약하고 유아적이어서 자신 외에는 아무것도 생각하지 않는 카미유, 이들은 만나면 안 되는 사람들이었지만 운명은 이들을 한 공간에 묶어 놓았다. 이들은 가족이었지만 각자 자신의 욕망에 집착했고 상대에 대한 배려나 양보는 전혀 없었다.

욕망이라는 본능은 분출과 억제의 조화가 없으면 위험하다. 세 사람은 무분별한 애정과 아예 없는 애정으로 욕망을 조절할 생각조차 하지 못했다. 이들의 만남은 잘못된 만남이었다.

부부들 중에는 만나면 안 되었던 사람들이 있다. 좋은 인연으로 맺어진 부부는 행복한 삶을 살지만 그렇지 못한 부부는 본인들도 불행하고 주변 사람들까지 불행하게 만든다. 불행한 부부들의 공통점은 자신의 욕망을 다스리지 못한다는 점이다. 자신이 하고 싶은 것은 해야 하지만 함께 살면 하지 말아야 할 것들이 생긴다. 그것을 조절하지 못하고 욕망을 채우는 것은 결국 갈등의 원인이 된다.

그래서 행복한 부부보다 행복하지 않은 부부가 되는 것이 훨씬 쉽다. 욕망이라는 것은 누르면 누를수록 더 간절해지기 때문이다. 그러나 부부라는 귀한 인연이 되었다면 평생 좋은 인연을 이어가야 하지 않겠는가. 그것은 욕망의 조절과 비례한다는 점을 잊지 말자.

불량식품이 더 맛이 있듯 우리는 좋은 욕망보다 나쁜 욕망에 더 끌린다. 그러나 나쁜 욕망은 절대 채워지지 않는 속성이 있어 그것의 노예가 되면 삶은 마치 화약고를 끌어안은 것처럼 위험해진다. 그래서 욕망을 제어하고 멈추는 법을 배워야 한다. 그것이 바로 삶의 리스크 관리다.

CHAPTER 10

긴 후회는 스스로에게
상처가 될 뿐이다

어떤 일을 완성했을 때 뿌듯함보다는 후회가 더 밀려올 때가 있다. 결과가 나쁘지 않은데도 아쉬움 속에서 후회를 하게 될 때도 있다. 몇 년 전, 몇 달 전, 며칠 전, 그리고 방금 전의 일까지도 우리는 자꾸 돌아본다. 그런데 그 후회가 막연한 회한이 아니라 깊은 후회로 이어져서 잠도 못잘 정도가 되면 그것은 곧 상처가 된다.

영화 〈세븐 파운즈〉를 보면 영화가 끝나고 나서도 한동안 자리를 뜰 수가 없다. 주인공의 후회가 가슴 아파서 꼭 저렇게 해야만 했을까 하는 생각이 들기 때문이다.

우주항공사에서 엔지니어로 일하고 있는 벤 토마스는 모든 것을 갖춘 사람이다. 안정된 직업과 높은 수입, 아름다운 아내, 좋은 집 등 남들이 부러워하는 삶을 살고 있다. 그의 인생에는 아무런 장애가 없을 것처럼 보인다.

그런데 어느 날 아내를 태우고 운전을 하던 중 사고가 난다. 사고의 원인은 그가 운전하면서 휴대전화에 온 문자를 확인하느라 잠시 한눈을 팔았기 때문이다. 그 사고로 인해 아내와 다른 차에 탔던 사람들을 포함해 일곱 명이 죽는다. 벤의 행복했던 시간은 사고와 함께 끝나버린다. 벤은 자신의 행위에 대한 뼈저린 후회로 스스로를 버리기로 결심한다. 장기이식이 필요한 일곱 명에게 자신의 장기를 기증하기로 하고 자살을 선택한다. 그는 자신이 죽은 후 장기이식을 할 때까지의 사이에 시신이 부패되는 것을 막으려고 욕조에 얼음물을 가득 채운다. 그리고 경찰에 자신의 자살을 알리고 욕조에 들어가 죽는다.

책으로 치유하는 시간

벤은 일곱 명을 죽이려고 한 것이 아니지만 그의 실수로 그들은 죽었다. 그는 사고 후 단 한순간도 후회하지 않는 날이 없었다. 만약 그가 죽지 않았더라도 후회 때문에 죽은 거나 마찬가지로 살았을 것이다. 그의 후회는 죽음을 택할 만큼 깊었다.

후회는 끝이 없는 터널과도 같다. 하면 할수록 더 깊이 후회할 뿐이다.

왜 그랬을까 자책하고 후회하기보다는 다음에 기회가 오면 그렇게 하지 말아야지 라고 경각심을 갖는 것이 후회의 긍정적인 측면이다. 이것은 단순한 말의 바꿈이 아니라 우리 삶의 방향이 전환되는 또 다른 기회가 될 수 있다.

돌	이	킬		수		없	을		때
		찾	아	오	는		때	늦	은
				후	회	의		허	망	함

《킬리만자로의 눈》

어니스트 헤밍웨이의 《킬리만자로의 눈》은 죽음을 눈앞에 둔 해리를 통해 우리가 주어진 삶에서 놓치고 있는 것은 무엇인지를 생각해보게 한다.

해리의 직업은 작가다. 그러나 글을 쓰는 일에 집중하지 않고 점점 삶을 즐기는 쪽에 열정을 쏟는다. 돈 많은 여자들과 어울리고 시간과 돈을 헤프게 쓰지만 한편으로 글을 쓰고자 하는 욕망은 항상 있다.

그도 처음엔 자신의 삶을 충실히 살았다. 그러나 점점 돈 많은 사람들과 더 좋은 곳에서 살려는 태도가 몸에 배어버렸다. 그는 글을 쓰지 않고 편하게 지내면서 점차 자신이 가장 경멸하는 류의 사람이 되어간다. 그는 현재의 삶이 만족스럽지 않으면서도 개선의 노력 없이 편안함에 안주한다. 의지도 약해져서 결국 전혀 일을 하지 않게 되었다.

그는 지금까지 만난 여자 중 가장 돈이 많은 헬렌과 연인이 된다. 헬렌은 남편이 일찍 죽고 남겨준 많은 유산으로 풍족한 생활을 하고 있다. 그녀는 자식도 있고 그동안 애인이 여러 명 있었지만 늘 불만족스러웠다. 자식 중 한 명이 비행기 사고로 죽자 괴로움이 커서 더 이상 애인을 필요로 하지 않고 술도 그녀를 구해주지 못했다. 그렇다고 삶을 놓을 수는 없어서 도피처로 자신이 존경할 수 있는 누군가를 원한다. 그때 해리를 만났고 해리는 바로 그녀가 원하는 사람이었다.

그녀는 해리가 쓴 글을 좋아하고 그의 삶을 부러워한다. 그녀가 해리를 사랑하는 것은 자신의 새로운 삶을 만들기 위한 노력이며 과정이다. 반면 해리는 그녀를 사랑으로만 보지 않는다. 오히려 돈 많은 헬렌이 너무 친절하게 돌봐주어서 자신의 재능을 파괴해버렸다고 생각한다. 그는 술을 많이 마셔서 감각이 둔해졌으며, 게으르고 편견과 자만심에 가득 찬 속물이 되어버렸다.

해리는 놀면서도 괴롭다. 자신의 정체성을 완전히 버리지 못해서다. 이것은 우리도 흔히 느끼는 감정이다. 놀고 싶지만 정작 놀고 있으면 마음 한편이 왠지 무겁다. 그렇다고 놀고 난 뒤 몰입해서 공부를 하거나 일을 하는 것도 아니다. 그래서 결국 시간을 허비했다고 후회한다.

해리는 헬렌과 아프리카로 온다. 여기서 갔다고 하지 않고 왔다는 단어를 쓴 이유는 해리가 이제 다른 곳으로 갈 수 없게 되기 때문이다. 그가 아프리카로 온 이유는 모든 것을 다시 시작하기 위해서다. 그들은 가장 적은 살림살이만을 싣고 이곳으로 사파리 여행을 왔다. 해리는 마치 권투 선수가 몸에서 지방을 태우기 위해 산에 들어가 훈련을 하듯이 자신도 이곳에서 영혼에서 지방을 없애고 새롭게 시작할 수 있을 거라고 생각한다. 시간이 더 있었다면 해리는 영혼에 낀 지방을 없애고 글쓰기를 통해 만족스러운 삶을 살 수도 있었을지 모르나 그렇게 되지 못한다.

해리는 워터벅(큰 영양)의 사진을 찍기 위해 다가가다가 무릎을 가시에 긁힌다. 그러나 소독약을 바르지 않고 방치해두었다가 상처가 심해지고 다리가 괴사하기 시작한다. 헬렌은 해리를 치료하기 위해 애쓰지만 해리는 치료할 수 있는 단계를 이미 넘어선 상태로 통증이 심해져간다. 그들이 있는 곳은 오지 중의 오지여서 외부와의 연락조차 어려워 그는 의자에 누워서 통증과 싸운다. 이제 그가 할 수 있는 것은 생각뿐이어서 생각만을 반복해서 한다.

그는 이제 모든 것이 끝났고 자신이 스스로 삶을 끝내는 것이 아니라 죽음으로 끌려들어가고 있음에 분노를 느낀다. 그동안 쓰려고 아껴둔 것들을 다시는 쓰지 못할 것이며, 더 이상 쓰려고 애쓰다 실패하는 일도 없어질 거라고 분노한다.

해리는 전쟁에 나갔을 때 장교 윌리엄슨이 독일 순찰병이 던진 수류탄에 맞아 내장을 쏟고 죽어가면서 자신에게 제발 총을 쏘아 죽여달라고 했던 것을 기억해낸다.

책으로 치유하는 시간

해리는 고통 속에 죽어간 윌리엄슨을 자주 생각하고 그의 고통을 이해하고 죽여달라던 그의 심정도 이해한다. 우리는 직접 경험하기 전에는 알 수 없었던 것들에 대해 경험하고 나면 수많은 감정 속에 빠진다. 그리고 막상 돌이킬 수 없는 지점에 도달하면 그때의 일들, 사람들에 대한 미안함, 아쉬움, 분노, 회환 등의 감정이 한꺼번에 밀려온다.

해리는 마침내 자신의 재능을 망가뜨린 것은 결국 자신이었음을, 자신이 긴 시간 동안 재능을 망가뜨리는 데 수단과 방법을 가리지 않았음을 깊이 후회한다.

헬렌은 해리를 구하기 위해 최선을 다한다. 좋은 이야기를 들려주고 헬기를 빨리 오게 하려고 할 수 있는 방법을 전부 동원한다. 죽음이 가까워오자 해리는 통증을 느끼지 않지만 피곤함을 느낀다. 해리는 이제 헬렌을 탓하지 않고 자신만을 탓한다.

그는 마지막 날을 지난날에 대한 아쉬움과 죽음에 대한 분노 속에서 과거를 회상하며 보낸다. 헬리콥터가 도착해 몸을 싣고 병원으로 가면서 킬리만자로의 정상을 위에서 내려다본다. 웅장하고 높으며 햇빛 아래에서 새하얀 눈으로 뒤덮여 반짝이는 킬리만자로의 평평한 정상을 본다. 그는 이제 자신이 그곳에 갈 수 없다는 생각을 한다. 그러나 이것은 그의 환상으로 헬렌은 침대에서 죽은 그를 발견한다.

소설의 서문에 킬리만자로에 대한 설명이 있다. 아프리카에서 가장 높고 만년설로 덮였으며 정상 근처에는 얼어서 말라붙은 표범의 시체가 하나 있으나 표범이 그곳에서 무엇을 찾고 있었는지는 모른다는 설명이다.

표범은 왜 그렇게 높은 곳에 올라갔다가 죽었으며, 죽기 전에 표범이 본 것이 무엇이었는지, 올라간 목적을 이루고 죽었는지 알 수 없음은 해리의 인생과 닮아 있다. 해리는 결국 자신이 왜 그렇게 살았는지 몰랐다. 그의 후회는 죽음을 앞둔 하나의 과정일 뿐 그는 답을 찾지 못했다.

로마의 철학자 세네카의 저서《인생론》에는 다음과 같은 말이 나온다.

"언제든 좌절할 수 있는 현실은 닥친다. 마음먹은 대로 현실을 조절할 수 있는 상황과 변화 불가능한 현실을 평온하게 받아들여야 하는 상황을 구분하는 것이 지혜다."

내가 바꿀 수 없는 것에 분노하는 대신 내가 만들 수 있는 변화에 집중하라는 의미다.

우리는 하루에도 수십 번 더 잘 할 것에 대해 생각한다. 그것은 늘 미비함에 대해 미련을 갖기 때문일 것이다. 우리는 만족보다는 부족한 것에 대해 더 미련을 갖고 부족하도록 만든 자신에 대해 후회한다. 후회는 우리 감정 중에서 자주 등장하는 쓸데없는 습관적 생각일지도 모른다.

후회는 발전을 위해 긍정적인 면이 있지만 너무 오래 깊이 하게 되면 스스로를 상처 낸다. 그럴 때 후회의 칼끝이 남에게 향하면 미움과 원망이 생겨난다. 해리가 자신의 게으름의 원인을 헬렌의 탓으로 돌리다 결국 자신의 탓이라고 인정하게 된 것은 통증이 사라지면서 정신을 집중해 자신의 삶을 찬찬히 돌아보았기 때문이다. 모든 상처의 원인은 언제나 남이 아니라 자신에게 있다. 다만 표면적으로 볼 때 남의 탓인 것처럼 느껴질 뿐이다.

또 다른 후회를 낳은 후회

《그해 겨울은 따뜻했네》

박완서의 소설《그해 겨울은 따뜻했네》에서는 그렇게 하면 후회할 것을 분명히 알고 있음에도 후회를 멈추지 못한 사람을 만날 수 있다.

수지는 6.25전쟁이 나던 해에 일곱 살이었다. 그녀는 두 살 터울의 동생 오목 때문에 늘 피해를 보았다. 먹을 것을 양보해야 했고 한시도 떨어지지 않고 따라다니는 동생이 몹시 귀찮았다. '동생만 없으면'이라는 상상을 수도 없이 하면서도 사람들에게는 좋은 언니로 보이고 싶어 한다. 그러나 일곱 살 어린아이에게, 더욱이 먹고 살기 힘든 전시 중의 언니노릇은 힘겹다. 어느 날, 피난민들로 복잡한 거리에서 수지는 데리고 나갔던 오목의 손을 일부러 놓는다. 손을 놓친 오목은 피난민 속에 섞여 순식간에 사라져버린다.

책으로 치유하는 시간

전쟁이 끝나고 부모는 죽었지만 원래 갖고 있던 재산이 많아 수지는 오빠와 함께 여유 있는 생활을 한다. 오빠는 갖고 있던 재산을 불리면서 성공의 가도를 달리고 수지는 여대생이 되었다. 남매는 고아원에 후원을 하는데 어느 날 수지는 오누이의 집이라는 고아원에서 오목을 찾아낸다. 수지는 오목을 각별히 챙기고 도와주지만 자매라는 사실을 밝히지 않는다.

다시 세월이 더 흘러 수지는 결혼을 하고 상류계급에 속해 행복하고 화려하게 살아간다. 그녀는 다시 오목을 만나게 된다. 자신의 집 보일러를 고쳐주러 온 기술자의 아내가 오목이었다. 오목은 세상의 온갖 불행을 다 떠안은 채 살고 있었다. 자식은 다섯으로 살림살이는 매우 가난하고, 남편은 술만 먹으면 그녀를 때렸다.

수지는 불행한 삶을 살고 있는 오목을 보며 양심의 가책을 느껴 지속적으로 오목을 도와주면서도 진실을 털어놓지 않는다. 그녀는 자신이 동생을 버렸다는 무서운 사실이 생각할수록 두려웠던 것이다. 온갖 고생으로 자신보다 더 나이가 들어 보이고 지푸라기처럼 마른 오목을 애처롭게 여기고 오목의 남편을 증오하면서도 끝내 진실을 말하지 않는다.

그녀는 자신이 벌을 받는 상상을 하고 오목이 지금보다 더 나빠질 것에 두려움을 느끼면서도 사태를 지켜만 본다. 결국 오목이 병으로 죽게 되었을 때에야 울면서 죽어가는 오목에게 진실을 말하지만 그때는 이미 늦어버렸을 때다.

수지는 소극적이고 나약한 현대인의 표상이다. 불리한 상황에 이르면 자신의 행동에 정당성을 부여해 합리화한다. 그러면서도 끝없이 후회하지만 결국 옳은 행동에 나서지 못한다. 그녀는 오목을 불행하게 만든 오목의 남편과 오목이 처한 처절한 가난을 증오하고 안타까워하면서도 문제의 핵심을 외면한다. 이런 이중성은 뻔히 후회할 것을 알면서도 멈추지 못하고 결국 스스로 상처받는 결과를 가져온다.

수지는 오목을 다시 만나고 나서부터 삶이 행복하지 못하다. 그녀는 이 모든 일이 자신으로부터 시작되었다는 것을 분명히 알고 있지만 그것을 바로잡을 용기는 전혀 없다. 그렇다고 아예 모른 척하고 살기엔 그녀의 양심이 허락하지 않는다. 악인도 아니고 의인도 아닌 그녀를 보며 우리는 후회와 결단의 필요성에 대해 생각해볼 수 있다.

수지의 행동은 아주 소극적이었다. 오목을 경제적으로 도와주었지만 그녀는 돈이 많았기 때문에 가장 손쉬운 방법을 택한 셈이다. 후회를 만회하려면 가장 쉬운 방법을 택해서는 안 된다. 그것은 자신에게 만족감을 주지 못하고 자책감과 상처로 이어진다.

내가 잘못한 일에 대해서 후회하는 것은 당연한 행동이다. 그것을 만회하기 위해 행동하는 것 또한 당연하다. 하지만 왜 후회하는지, 후회하지 않으려면 무엇을 결심해야 하는지, 후회되는 것을 돌려놓기 위해 지금 할 수 있는 가장 필요한 행동은 무엇인지를 결정해야 한다.

우리는 대부분 결정장애나 선택장애를 조금씩 갖고 있다. '부리

책으로 치유하는 시간

단의 당나귀' 처럼 말이다. 두 개의 건초 사이에서 어느 것을 먹을지 고민하다가 굶어죽은 당나귀를 이르는 말로, 프랑스 철학자 장 부리단의 이름을 따서 만든 용어다. 이는 여러 가지 선택의 상황에서 어쩔 줄 모르는 것을 말하는 것으로 우유부단의 어리석음을 지적한 것이다. 그러므로 무엇을 선택하든 어느 정도의 후회는 있을 수 있다고 유연하게 생각하는 것이 좋다. 자신의 결정에 대해 끊임없이 의심하고 후회하면 스스로에 대한 신뢰가 떨어지고 무엇이든 자신 있게 하지 못하게 된다.

후회는 또 다른 후회를 낳고 상처로 이어진다. 그러므로 상처를 남기지 않는 방법은 후회는 짧게, 행동은 신속하게 하는 것이다.

후회는 하면 할수록 자신을 피폐하게 만든다. 후회만으로 해결되는 것은 아무것도 없기 때문이다. 후회가 엄습해올 때는 차라리 행동에 나서는 편이 낫다. 달려가서 용서를 청하고, 수정하고, 바꾸는 행동으로 뒤늦게 해결되는 것들이 있을 것이다. 자존심이 상하는 것은 순간이지만 후회로 자신을 자책하는 것은 평생의 상처가 될 수 있다.

CHAPTER 11

삶에서 힘든 순간에
필요한 것

우리는 어려움에 처하면 마음을 쏟을 수 있는 무언가를 필요로 한다. 그것을 매개로 다시 일어서거나 그 상황을 이겨낸다. 종교를 갖고 있는 사람들이 마음이 힘들 때 기도문을 외우는 것도 그런 심리에서 비롯된 행위다.

마음이 불안정할 때 대청소를 하거나 커피를 연거푸 마시는 것, 또 실연을 했을 때 머리모양을 바꾸고 스타일을 바꾸려고 옷을 사는 것, 힘든 일을 겪고 난 후 먼 곳으로 여행을 떠나거나 거주지를 옮기는 것도 그것이 일종의 심리적 탈출구가 되어주기 때문이다.

교도소가 소재인 영화에서 탈출하고 실패하고 또 탈출하고 실패해도 끝없이 탈출계획을 짜는 이유는 그것이 현실을 넘어설 수 있는 방법이기 때문이다.

전쟁 중 수용소에 갇혀 있으면서 소품들을 모으고 잡지 속의 사진들을 오려 벽에 붙이는 행위들도 마찬가지다. 전쟁이 끝나고 수용소를 떠날 때 온 정성을 다해 모았던 물건들은 조잡하고 볼품없는 쓰레기가 되어 버리지만 그것들을 모으는 행위는 한때 살아가는 이유였다.

전 쟁 이 라 는 　 지 옥 을
사 랑 으 로 　 견 디 다

《무기여 잘 있거라》

헤밍웨이의 소설 《무기여 잘 있거라》는 전쟁을 견뎌내는 한 개인과 그것을 견디게 한 사랑이야기다.

헨리는 전쟁 중 캐서린을 만나 그녀에게 모든 것을 건다. 캐서린이라는 존재는 그가 전쟁이라는 진창과 같은 현실을 견딜 수 있게 해준 구원의 동아줄과도 같았다.

프레더릭 헨리는 제1차 세계대전에 참전한 미국인 중위다. 그는 앰뷸런스 후송을 맡고 있으므로 포병처럼 전투에 나서지는 않지만 전장을 헤치고 다니며 수많은 죽음을 목격하고 죽어가는 병사들을 수송한다. 그는 우연한 계기로 스코틀랜드 출신의 간호사 캐서린 바클리를 만난다. 그가 부상을 입고 입원하게 되자 그들은 가까워지고 사랑에 빠진다. 그리고 캐서린은 임신을 한다.

헨리는 부상을 회복한 뒤 다시 전출명령을 받고 부대로 복귀한다. 복귀 후 임무 수행 중 부대와 연락이 끊기고 낙오된다. 그 와중에 이탈리아 헌병에게 잡혀 조사를 받는데 퇴각 중이던 이탈리아군은 아군이긴 해도 확실하지 않은 타국 병사에 대해 배타적인 태도를 보인다. 위험을 느낀 헨리는 총살 직전에 도망친다.

도망자 신세가 되어 캐서린을 찾아 함께 국경을 넘어 스위스로 간다. 그곳에서 캐서린의 출산 때까지 행복하고 평화롭게 산다. 그러나 캐서린은 출산 도중 죽는다. 슬픔에 잠긴 헨리는 캐서린의 시신을 병원에 두고 홀로 숙소로 돌아온다.

헨리는 전쟁 전에는 이탈리아에 유학을 가서 건축학을 공부하고 있었다. 전쟁이 일어나자 뚜렷한 이유 없이 이탈리아군에 입대한다. 그는 그즈음 음주와 섹스 말고는 자신의 존재 이유를 모르고 있었다. 비현실적이며 다른 사람들의 인생이나 세상사에 관심이 없고 삶을 대하는 자세는 전혀 진지하지 않은 방관자였다. 그러나 전쟁에 참가해 총살을 당하기 직전 도망을 친 후부터 완전히 달라져 삶을 진지하게 대하고 캐서린과의 사랑에 열정을 쏟는다.

헨리는 캐서린을 진정 사랑했을까. 만일 그가 미국에 있었더라면, 전쟁과 무관하게 자신의 삶을 살았더라면 첫인상이 그저 그랬던 캐서린과 그토록 운명을 건 사랑을 하지는 않았을지 모른다. 그러나 헨리는 전쟁이라는 지옥에서 캐서린 외에는 마음을 의지할 수 있는 것이 없었다. 그는 자신이 진정으로 그녀를 사랑하고 있다고 믿는다. 스위스로 도망을 가서 살던 어느 날, 같은 동네에 사는 그레피 백작과 당구를 치던 중 백작이 캐서린을 삶에서 가장 소중하게 생각하느냐고 묻자 그는 주저 없이 "제가 사랑하는 사람입니다"라고 대답한다.

그것은 캐서린이 현재 그에게 가장 소중한 존재이기 때문이다. 전쟁이 끝나거나 예전의 자신으로 돌아가 미국에 있다면 그에게는 다른 중요한 것들이 있을 수 있다. 헨리는 원래 추상적이고 관념적인 것을 싫어하고 실존적인 것에 가치를 둔 사람이다. 그러나 생과 사를 넘나들고 죽음이 일상화된 급박한 상황은 그를 사랑에 집중하도록 했다.

탈출하여 캐서린에게 가는 동안 그는 자신의 행동에 정당성을 부여한다. 생각에 몰두해서 행동을 결정하는 것보다는 본능에 따르는 것이 바람직하며 이제 캐서린과 사랑하는 것은 운명이라고 스스로에게 주입한다.

캐서린의 임신 소식을 처음 들었을 때 그는 놀라지도 않고 전시 중의 출산에 대한 걱정도 하지 않는다. 그는 전쟁이 없는 오스트리아에 가고 싶어 하며 스페인에 가지 못한 것도 아쉬워한다. 전쟁에 참전한 장교로서 그는 이 전쟁에서의 승리를 믿지 않고 패배도 믿지 않는다. 오직 현재의 삶이 편하기를 바란다. 이런 생각은 헨리뿐아니라 병사들도 마찬가지였는데, 그들은 전쟁이 계속될수록 참전의 의도와 목적이 무엇인지 의구심을 갖고 승리에 관심이 없다. 한 기술병은 아무것도 깨닫지 못하고 또 깨달을 능력도 없는 높은 계급의 부류들 때문에 이런 전쟁이 벌어지고 있는 거라고 말한다.

그들은 모두 이 전쟁이 누구를 위한 것인지 의문을 갖고 전쟁을 증오한다. 또 진격보다는 후퇴를 좋아하는데 그 이유는 후퇴할 때는 바르베라(이탈리아 와인)를 마실 수 있기 때문이다.

헨리를 비롯한 모든 참전 병사들에게는 현실을 이겨낼 무언가가 필요했다. 그들에게는 그것이 적군을 한 명 더 죽이는 것보다 절실하다.

헨리는 이탈리아 헌병에게서 도망친 후 군복을 벗어버리고 싶어 한다. 자신은 전쟁에서 손을 뗐기에 더 이상 전쟁은 자신이 감당할 일이 아니라고 생각하며 남아 있는 모두에게 행운이 있기를 바란다. 그는 전쟁 전의 비현실적인 인물에서 이제는 상당히 현실적인 인물로 바뀌었다. 거기에는 다소 이기적인 성향도 포함되는데 그가 캐서린의 해산을 기다리는 동안 했던 행동을 보면 알 수 있다.

헨리는 캐서린이 진통을 하는 동안 병원 밖에 있는 광장의 카페에서 여러 번 식사를 한다. 첫 번째는 브리오슈 빵을 포도주에 적셔 먹고 커피를 마신다. 두 번째는 슈크루트와 맥주를 먹는다. 세 번째는 캐서린이 진통 끝에 제왕절개를 하고 난 후에 카페에 가서 햄에 그와 맥주를 먹는다. 그는 배가 고팠으므로 한 접시를 더 주문해서 먹는다.

그러나 캐서린이 출산 도중 죽고 헨리는 병실에 남아 캐서린 옆에서 조용히 마지막 시간을 갖는다. 그리고 잠시 후 병실 밖으로 나와 병원을 뒤로 한 채 비를 맞으며 호텔을 향해 발걸음을 옮긴다.

가장 사랑하는 사람을 잃었지만 그의 슬픔은 어딘지 모르게 담

담하다. 그는 현재 스위스에 있으며 전쟁은 곧 끝날 것이고 그러면 미국으로 돌아갈 것이다. 그리고 아직 젊은 그는 미국인으로 계속 살아갈 것이다. 캐서린은 그의 힘든 시기를 지켜준 추억 속의 여인으로 삶의 한 페이지를 장식한 존재로 남을 것이다.

힘든 시기에 마음을 잡아줄 무언가가 필요했으므로 헨리는 캐서린에게 온 마음을 쏟았다. 그녀로 인해 스위스에서 행복을 맛볼 수 있었다. 그녀의 존재는 그로 하여금 지옥같은 끔찍한 전쟁이라는 상황을 견디게 해준 안식처였다.

캐서린과의 사랑이 헨리를 지켜준 것처럼 우리도 힘든 시기에는 그것을 견뎌낼 수 있게 해줄 무언가를 찾아야 한다. 삶이 힘들수록 위축되고 의지를 상실해 아무것도 하고 싶지 않지만 그럴수록 마음을 다잡을 수 있는 무언가가 필요하다.

그것이 거창한 것일 필요는 없다. 다만 몰입할 수 있는 것이어야 한다. 헨리처럼 누군가를 사랑하거나, 현재의 사랑을 지키기 위해 더 열정을 쏟거나, 소홀했던 사람들에게 의도적일지라도 친절을 베푸는 것이 마음을 잡아줄 수 있다. 또 좋아하는 분야의 독서목록을 만들어 다 읽어보는 것, 좋아하는 영화감독이나 영화배우의 영화를 모두 찾아서 보는 것, 훌쩍 여행을 떠나보는 것, 헬스에 등록해 운동하기 등 소소하지만 스스로 마음을 위로할 수 있는 방법을 찾아내야 한다.

무엇엔가 몰입함으로써 상처가 삶을 잠식해버리지 않도록 말이다.

절대 혼자서는 이겨내지 못할 시간들이 있다. 그럴 때는 내가 좋아하는 것을 찾아야 한다. 아주 사소한 것일 수도 있다. 언젠가 들었던 위로가 되는 음악, 행복감을 주었던 장소, 소유하고 있는 것만으로도 위로가 되었던 물건, 그리고 그 시간을 함께 있어준 사람 등등. 많을수록 좋다. 그것들로 인해 나는 힘든 시간을 견뎌낼 것이기 때문이다.

CHAPTER 12

성장의 조건

상처로 인해 힘든 시간을 보내고 난 후 극명하게 나타나는 두 가지 변화가 있다. 소심함과 강인함이다. 상처에 대한 두려움으로 자기 방어기제에 치중하는 것이 소심함이다. 다시는 그런 상처를 받지 않겠다고 마음을 다잡지만 이는 발전적이지 못하다. 그렇게 다잡는 마음은 상처에 더 취약하다. 상처의 기억에서 벗어나지 못해 항상 예민하기 때문이다. 강인함은 긍정적인 변화다. 그것은 상처를 통해 성장했기 때문에 생긴 변화로 긍정적인 결과다. 이 경우는 힘들었던 시간이 곧 약이 된 셈이다.

성장을 위한 조건의 하나는 반드시 고난의 시간을 겪어야 한다는 것이다. 고민하고 고통을 이겨내고 위험한 선택을 책임지는 그런 과정을 거치는 것을 말한다.

현악기 스트라디바리우스는 비싸고 귀한 악기다. 현재 바이올린 540개, 비올라 12개, 첼로 50개가 남아 있으며 가격은 수십억에서 수백억까지 올라간다.

안토니오 스트라디바리는 1737년 죽을 때까지 악기를 만들었는데 특히 1715년 이후 만들어진 악기가 훌륭하며 보관만 잘 되어 있으면 가격이 460억에 달한다. 그 시기에 제작된 악기가 훌륭한 이유는 그것을 만든 소재가 혹독한 시련을 겪었기 때문이다. 17세기 중반부터 유럽은 소빙하기라 할 정도로 추웠다. 이 혹독한 한파에 시달리던 1645년에서 1715년 사이에 성장한 나무로 제작된 악기가 여기에 해당된다. 추운 곳에서 자란 나무는 느리게 성장해 밀도가 높고 탄성이 좋아 소리파동을 잘 전달하므로 좋은 악기를 만들어낸 것이다.

혹한을 견뎌낸 나무가 좋은 소리를 내듯이 사람도 고난을 겪은 사람과 겪지 않은 사람은 다르다. 역경 없이 순탄하고 평온한 인생을 산 사람보다 고난을 겪고 이겨낸 사람은 내적으로 단단해지며 다른 사람의 고난을 더 잘 알아보고 이해한다. 고통은 결과적으로 성장을 위한 단비가 된다.

《인간의 굴레》

서머싯 몸의 소설 《인간의 굴레》는 우리 누구나 겪게 되는 삶의 과정을 보여준다. 자신의 의지와 상관없이 겪게 되는 인생에서의 좌절, 실패, 선택의 오류, 방황의 여정 등을 담고 있다. 주인공 필립의 삶은 끝없이 후회하고 갈등하는 평범한 우리의 모습이기도 하다. 그를 통해 이미 경험했거나 또는 경험하게 될 삶의 굴레를 진하게 느낄 수 있다.

필립은 선천적 소아마비로 다리를 심하게 전다. 외과의사인 아버지가 패혈증으로 죽고 어머니는 몇 달 후 둘째를 사산한 후유증으로 죽는다. 일곱 살의 어린 필립은 백부에게 보내진다. 백부인 케어리는 목사로, 런던 외곽의 목사관에 살고 있다. 백부는 완고하고 규칙을 중시하는 사람으로 다정함은 없지만 책임감을 갖고 고아가

책으로 치유하는 시간

된 조카를 거둔다. 선량하고 순종적인 루이저 백모는 아이를 낳아 본 경험이 없지만 필립을 정성껏 돌본다. 책에 흥미를 보이고 시간만 나면 책을 가까이하는 필립을 보며 이들 부부는 필립이 백부의 뒤를 이어 성직자가 되기를 소망한다.

아홉 살이 된 필립은 터캔베리에 있는 킹즈스쿨에 입학한다. 내성적인 필립에게 학교생활은 맞지 않았다. 특히 성치 않은 몸으로 인해 그는 놀림감이 된다. 필립은 킹즈스쿨에 입학한 첫날 베닝이라는 덩치 큰 동급생에게 다리를 걸어차인다. 이는 필립이 난생처음 경험하는 폭력이었다. 그는 더욱 소심해지고 불구를 들키지 않으려고 하는 심리에서 자아가 강해진다.

필립은 점점 애정결핍의 전형적인 모습을 보인다. 루이저 백모는 애정을 기울여 필립을 양육하려 했지만 그녀는 남편에게 의존적이었으므로 필립의 욕구를 채워주기에는 충분치 못했다. 킹즈스쿨에서 타인과의 관계가 부정적인 경험으로부터 시작되었기에 필립은 자신의 주변 인물들에 대해 나쁘게 평가하는 습성이 생긴다. 단점을 쉽게 찾아내고 그것에 대해 더러 오만한 태도를 보인다. 또한 다른 사람들이 호의를 보이면 진심이 아닐 거라고 생각한다.

필립은 킹즈스쿨에서 마음에 드는 친구를 만나게 되는데 그에게 열정을 쏟는다. 하지만 관계의 거리 조절에 서툴러서 좋아하는 친구에게 자신이 유일한 친구가 아니라 단지 여럿 중의 하나인 것을 받아들이지 못한다. 결국 우정은 깨지고 상처만 받는다.

필립은 자연스럽게 사람들과 어우러지는 경험을 많이 하지 못한 것이 대인관계에서 드러난다. 그는 불구 때문에 사람들의 시선에 신경을 쓰는 것이 습관이 되었고, 어머니를 너무 일찍 잃어서 사랑을 주고받는 법을 자연스럽게 익히지 못했다. 대인관계를 시작할 때의 기본적인 처세는 일반적으로 성장 과정에서의 경험에서 비롯된다. 그러나 필립은 경험 부족과 부모의 애정 결핍으로 인해 몸도 불구이지만 정신적으로도 완전하지 못했다.

학년이 올라가면서 성적이 우수한 필립은 더 이상 놀림을 받지 않는다. 필립이 졸업학년이 되었을 때 모두 그가 옥스퍼드 대학에 진학하고 성직자의 길을 걸을 것이라 예상한다. 그러나 필립은 정해진 길로 가는 것에 매력을 느끼지 못하고 틀에 박힌 삶을 살고 싶어 하지 않는다. 그래서 독일로 유학을 떠난다. 성직자가 되지 않겠다는 필립의 선택에 백부와 백모는 실망감을 느낀다.

이제 조금 어른이 된 필립은 처음으로 자신의 의지로 선택한 길을 가고 있음에 자유로움을 느낀다. 하이델베르크에서 독일어와 다른 몇 가지 수업을 들으며 새로운 사람들을 만난다. 특히 문학청년 헤이워드에게서 그동안 만난 사람들과는 다른 신선함을 느낀다. 그러나 그와 문학을 이야기하며 관계를 이어나가던 중 헤이워드의 지독한 관념주의에 실망한다. 필립은 자신을 미화하고 거짓으로 치장하는 것을 싫어하기 때문이다.

필립은 독일을 떠나 런던에서 공인중개 견습직원으로 취업을 한다. 아는 사람이 없는 런던에서 그는 외로움을 느낀다. 게다가 사교적이지 못한 성격이어서 몇 달이 지나도록 아무와도 사적인 교류를

책으로 치유하는 시간

갖지 못한다. 그리고 자신이 맡은 회계업무에서 느리고 발전이 없자 업무가 자신과 맞지 않음을 느낀다. 그러던 중 출장을 겸해 잠시 들렀던 파리에 매료되어 1년 후 회계일을 그만두고 파리에 가서 그림공부를 하려는 계획을 세운다. 백부는 한 가지 일을 꾸준히 못하는 조카를 못마땅하게 생각하지만 필립은 개의치 않는다.

런던에서의 생활을 정리하고 이제 새로운 삶을 시작하게 된 필립은 기대를 안고 파리로 떠난다. 그는 자유롭고 예술을 논하는 사람들 속에 자신이 포함되어 있음이 상당히 만족스럽다. 필립은 경직된 회계사무실과 런던에서는 위축되고 사람을 잘 사귀지 못했지만 파리에서는 그렇지 않았다. 사람들은 그에게 쉽게 다가오고 필립도 어렵지 않게 그들과 섞인다.

그는 학원에서 그림을 배우며 새로운 사람들과 만남을 이어가고 여러 화가들과 친분을 맺는다. 또 같은 그림반 여학생인 프라이스와도 교류를 갖는다. 그녀는 특이한 성격으로 그림에 대한 재능이 전혀 없었다. 그 사실을 모두 알고 있는데 그녀 자신만 알지 못한다. 굶어 죽을 정도의 가난 속에서도 고집스레 달려드는 그녀의 예술을 향한 무모한 열정을 필립은 이해할 수 없다. 그러나 모든 사람이 그녀를 비웃어도 천성이 모질지 못한 필립은 그녀에게 매정하게 대하지 않는다.

결국 프라이스는 현실적 어려움과 그림에 대한 지나친 욕망을 이기지 못하고 자살한다. 그녀의 장례를 치른 후 필립은 자신의 재능도 그리 뛰어나지 못함을 냉정하게 인정하고 그림을 그만두기로 한다. 백모의 죽음으로 장례식에 참석하기 위해 블랙스터블로 오면서 파리생활은 끝을 맺는다.

결국 자신의 길은 아버지의 대를 이어 의사가 되는 것이라고 생각한 필립은 아버지가 졸업한 학교인 런던의 성 누가 병원의학교에 입학한다. 이제 필립은 런던에서 의과대학 학생으로 공부를 시작한다. 그는 비로소 제자리에 온 듯 편안함을 느낀다. 그리고 아버지의 많지 않은 유산을 절약하여 쓰면 의학교를 졸업할 때까지는 경제적으로 괜찮을 거라고 생각한다. 그는 원래 공부에 재능이 있는 데다 열심히 노력해 의학교 생활을 순조롭게 해나간다. 그러나 카페의 여종업원 밀드레드에게 빠져들면서 사랑과 증오를 경험한다.

그녀는 천박하고 신경질적이며 창백한 얼굴에 깡마른 여자다. 다른 사람들은 그녀를 건강해 보이지 않는 여자라고 평하지만 필립은 그녀를 아름답다고 생각한다. 하지만 단순하고 허영심이 가득한 밀드레드는 필립의 내면을 이해하지 못한다.

필립은 병원의 환자로 입원했던 40대의 저널리스트인 애설리와 인간적 교류를 나누면서 그의 가족들과도 친해진다. 그는 사랑이 많은 애설리의 가족에게서 처음으로 가족이란 공동체의 따뜻한 애정과 안락함을 느끼고 그들과 친밀하게 지낸다.

그러나 필립은 밀드레드와의 관계를 멈추지 못한다. 머리가 텅 빈 그녀의 속성을 경멸하고 자신이 사랑하는 만큼 따라주지 않음을 증오하면서도 벗어나지 못하는 이상한 사랑을 하느라 시간과 돈을 탕진한다. 다시 정신을 차렸을 때는 이미 아버지의 유산을 다

써버린 뒤다.

빈털터리가 된 필립은 학교도 나가지 못하고 런던 거리를 헤매며 굶주림에 시달린다. 그는 난생처음 경험하는 비참한 생활 속에서 절망감을 느끼지만 강한 자존심 때문에 아무에게도 도움을 청하지 못하고 죽음까지 생각한다. 그러나 이런 상황을 알게 된 애설리의 도움으로 옷가게 직원으로 취직해 입에 풀칠할 정도의 적은 급료를 받으며 살아간다. 성취감이 없는 노동을 하면서 필립은 지난날의 무계획적인 낭비와 헛된 사랑에 대해 뼈저린 후회를 한다. 자신의 현재 위치에 대한 자괴감으로 고통스럽지만 애설리 가족의 따뜻한 환대 속에서 겨우 버텨나간다.

그런 생활을 이어간 지 2년이 되었을 때 백부가 지병으로 세상을 떠난다. 백부는 조카인 필립에게 유산을 남긴다.

필립은 학교를 떠난 지 2년 만에 다시 성 누가 병원으로 돌아가 학업을 계속한다. 그는 공부에 집중하고 더 이상 감정의 낭비와 일탈 없이 성실하게 생활하며 애설리 가족과 더욱 가깝게 지낸다. 필립은 자신이 오랜 방황 끝에 비로소 있어야 할 자리로 돌아왔음을 분명히 느낀다.

누가 병원에서의 마지막 1년간 필립은 더욱 공부에 매진한다. 그는 생활이 만족스럽고 행복하다는 생각을 한다. 방황하는 동안 돈과 사람에 대해 많은 것을 배우고 터득한 필립은 더 이상 쓸데없는 욕망을 품지 않는다. 그는 사람이 돈 때문에 비열해지고 탐욕스러워지는 것을 알고 나서 세상을 더 신중하게 보게 되었다.

의과대학에 입학한 지 7년 만에 졸업을 하고 의사자격증을 손에 쥐게 된 필립은 해냈다는 기쁨으로 가슴이 뛴다. 그리고 건강한 아름다움을 가진 애설리의 큰딸 샐리에게 청혼하고 드디어 세상 속에서의 삶을 시작한다.

자신의 길을 시행착오 없이 찾을 수 있다면 그것만큼 행운도 없을 것이다. 많은 사람이 필립처럼 여러 가지 실패와 좌절을 겪고 계속되는 헛발질을 하고 난 뒤에 자신의 길을 찾게 된다. 심지어 찾지 못하는 사람들도 있다. 특히 획일화된 교육을 받고 사회의 가치관이 다양하지 못한 우리나라에서는 젊은 나이에 자신에게 맞는 길을 찾기가 쉽지 않다. 그로 인해 오랜 시간을 돌고 돈 뒤에 자신의 길을 찾는 경우가 많다. 그러나 방황의 시간들이 헛된 것은 아니다. 좌절과 혼란의 시간들은 이후의 삶에 길잡이가 되어줄 것이기 때문이다.

문제는 더 나이가 들었을 때 다시 만나게 되는 좌절의 시간이다. 특히 아무런 장애 없이 평탄하게 살다가 은퇴한 사람들에게 앞으로의 긴 삶은 두려움이다. 기복 없는 삶에서는 겪어보지 못한 외로움, 소외감과 정면으로 마주하게 된다. 그러므로 삶에서 아무런 어려움이 없다는 것은 오히려 독이 될 수 있다. 그래서 필립과 같은 방황은 젊은 시절 필요한 과정이라 할 수 있다.

필립은 백부의 장례를 치르고 런던으로 떠나기 전 자신이 다녔던 첫 학교인 킹즈스쿨을 찾아간다. 그는 운동장에서 학생들을 보며 오래전 이 학교에 다니던 때를 회상한다. 이곳을 떠난 지 오래

책으로 치유하는 시간

되었지만 그동안 이루어 놓은 일이 하나도 없음과 시간을 낭비한 것에 대한 자책감을 느낀다. 그리고 다시 돌아갈 수 있다면 적어도 지금보다 잘할 수 있을 것이라는 생각을 한다.

필립처럼 어느 날 조용히 자신이 지나온 길을 돌아보면 밀려드는 회한, 여기서 멈추면 어쩌나 하는 두려움이 엄습하는 경험을 해보았을 것이다. 그러나 정신없이 흘러가는 일상에서 자신을 정리해보고 무엇이 잘못되었고, 이 길이 맞는지 생각해보는 사색의 시간은 반드시 필요하다. 생각 없이 흘러가는 삶보다는 어느 때라도 맞는 길을 가게 된다면 그것이 곧 성공한 삶이 될 수 있기 때문이다.

의사가 된 필립은 휴가를 내서 스페인을 여행하고 싶어 한다. 그는 스페인 여행을 시작으로 그가 갈 곳들에 대한 계획을 세우고 선박회사에 물어 항로까지 조사한다.

그러나 샐리에게 청혼을 하면서 깨달은 바가 있었다. 그동안 남의 말과 글이 주입해 온 이상을 좇아왔을 뿐 자기 마음의 욕망을 따른 적이 한 번도 없었음을, 자신의 행로는 언제나 어떤 것을 해야 한다는 의무감에 좌우되었을 뿐 진정 마음이 원하는 바를 따른 적이 없었음을 알게 된다. 그는 초조한 마음으로 이 모든 거짓을 내던지기로 한다. 그는 친구 헤이워드에게서 받은 양탄자를 떠올리며 일상적인 무늬를 짜는 것이 가장 완전한 무늬임을 깨닫는다.

《인간의 굴레》에서는 우리 인생을 양탄자에 비유한다. 우리가 삶에서 겪는 불행이란 인생이라는 전체 양탄자에서 정교하고 아름다운 장식의 일부에 지나지 않기에 삶에서 겪는 모든 것을 즐거운 마음으로 받아들여야 한다고 말한다. 왜냐하면 그것이 삶의 무늬를 더 풍부하게 해주기 때문이다.

우리가 젊은 시절 밤을 새워 토론하고 고민하던 인생과 사회에 대한 정의도 시간이 지나면 퇴색한다. 하지만 그것은 슬픈 현실이 아니다. 퇴색했다고 해서 퇴보하는 것은 아니기 때문이다. 어느 정도의 절제와 양보, 한 박자 쉬어 가는 법을 알게 되었을 테니 말이다. 이는 삶의 완전한 무늬를 짜고 있는 과정이다.

지금 우리는 어떤 무늬를 짜고 있을까. 한 가지 명심해야 할 것은 짤 때는 무늬의 전체적인 모양을 알지 못한다는 점이다. 다 짜고 나서야 알 수 있다. 그래서 어느 나이든 현재 진행형이며 무늬는 완성되어 있지 않다. 힘들더라도 잘 짜고, 틀렸으면 과감하게 풀어서 다시 짜면 된다.

한 번도 실수하지 않고 양탄자를 잘 짜는 사람은 없다.

책으로 치유하는 시간

의	지	를		앞	서	는
성	장	의		조	건	은	없	다

《술라》

토니 모리슨의 소설 《술라》는 성장의 조건에서 개인의 의지가 얼마나 중요한가를 보여준다.

술라와 넬은 흑인으로 열두 살 때부터 단짝 친구다. 이들은 인종차별이 심했던 1920년대의 사회에서 그리 행복하지 않은 가정의 소녀들이다. 자신들이 남자도 아니고 더욱이 백인도 아니기에 자기 자신을 뛰어넘는 존재가 되어야 한다는 생각을 갖고 있다.

둘은 아버지가 없다는 공통점을 갖고 있고, 어머니는 딸의 마음을 이해할 만큼 자상하지 않다는 점도 같다.

넬의 어머니 헬렌은 창녀의 딸로 넬은 자신을 돌보지 않는 어머니 대신 할머니 손에서 키워진다. 헬렌은 어머니와는 다른 삶을 살고 싶어서 결혼 후 가정을 돌보는 데 주력하고 그것에 대해 자부심을 갖고 있다. 넬의 집은 항상 필요 이상으로 깨끗이 정돈되어 있고 지켜야 할 규칙이 많다. 하지만 넬은 풍채가 좋고 당당한 어머니가 기차에서 흑인이라는 이유로 차별을 받으면서도 순종하는 모습을 보고 그 이중성에 실망한다. 넬의 일관성 있는 성격은 항상 모든 것이 정리 정돈되어 있는 가정환경의 영향이 크다고 할 수 있다. 그러나 넬은 숨 막히는 자신의 집보다 자유분방한 술라의 집을 더 편하게 생각한다.

술라는 아버지가 세 살 때 죽고 외할머니 에바, 어머니 한나와 셋이서 산다.

할머니 에바는 지독한 여자다. 남편이 집을 나가버린 후 혼자 삼 남매를 키울 돈이 없자 한쪽 다리를 기차 바퀴에 집어넣고 보상금을 타서 그 돈으로 재산을 불린다.

에바는 많은 남자들과 관계를 맺으며 자유분방하게 산다. 그러나 막내아들 플럼이 방종한 생활을 하자 침대에 불을 질러 죽일 정도로 잔인함과 냉정함을 갖고 있다. 에바의 맏딸이자 술라의 어머니 한나도 에바처럼 동네의 남자들과 어울린다. 그녀는 상대와 장소를 가리지 않고 즐기며 난잡하게 산다.

어려서부터 할머니와 어머니의 육체적 쾌락에 대한 절제 없는 행동을 보고 자란 술라는 성에 대한 자제력이 없다. 그녀는 원칙도 없고 도덕심도 없는 어른들 틈에서 계획하고 절제하는 법을 배우지 못했다. 위기의 순간이 오면 행동에 나서는 대담함을 가졌지만 그에 대한 책임을 지지 않는다. 그리고 자책감을 갖지 않는 면에서 그

책으로 치유하는 시간

녀가 싫어하는 할머니와 어머니를 닮아 있다. 술라는 뒤죽박죽이고 무질서한 집안의 영향으로 한 가지 감정을 3분 이상 유지하지 못하며 정체성이 없는 성격을 갖게 되었다.

어느 날 술라는 한 어린 소년을 실수로 강에 빠트려 죽게 한다. 술라는 당황했지만 오히려 넬은 차분하게 대처하고 이 사실을 영원히 비밀에 부치자고 말한다. 넬은 평소에는 연약하고 순종적이지만 술라와 함께 있을 때만 자유롭고 강인함을 보인다. 넬은 엄격하고 겉으로 감정을 드러내지 않는 어머니에게서 도피할 수 있는 유일한 안식처가 술라이기에 그녀를 잃고 싶지 않은 마음에 그녀의 범죄까지도 포용한다.

어느 날, 술라의 어머니 한나는 마당에서 일을 하다가 옷에 불이 붙어서 타 죽는다. 술라는 어머니 옷에 불이 붙은 것을 보았으나 어떤 행동도 취하지 않은 채 어머니가 죽어 가는 것을 지켜보기만 한다. 그녀가 어머니의 죽음을 방관한 이유는 가족애라는 끈끈한 정이 조금도 없으며 현실적인 판단 능력이 없기 때문이다. 그녀는 어머니의 죽음을 그저 일상의 변화 정도로만 생각한다. 어머니에게 받은 사랑이 없었기에 사랑을 주는 법도 전혀 모르는 것이다.

세월이 흘러 넬은 잘생기고 인기가 많은 주드와 결혼한다. 넬의 결혼 후 술라는 고향을 떠나 대학을 다니며 바깥세상을 경험한다. 그동안 넬은 세 자녀를 출산하고 남편의 그늘 속에서 살아간다. 그녀는 술라와 떨어져 있으면서 점차 어머니의 가정적인 면을 닮아가고 있었으며, 그녀가 본래 갖고 있던 순종적인 성향이 합쳐져서 평범한 주부가 되었다. 넬은 고향을 떠나 큰 성공을 거둔다든가 하는 등의 변화를 갖지는 못했지만 남편과 자식을 얻고 단란한 가정을 꾸리는 행복 정도는 누리게 되었다.

그러던 어느 날 10년 만에 술라가 돌아온다. 넬은 술라가 돌아왔다는 사실 자체로 기분이 좋아진다. 여러 해 동안 회색빛처럼 느껴지던 지루한 삶에 갑자기 활력이 느껴진다. 하지만 막상 술라를 만나자 오랜 공백으로 인해 어색하기만 하다.

술라의 귀향은 동네사람들에게 큰 관심거리가 되어 사람들은 그녀의 일거수일투족에 관심을 갖는다. 그녀는 병에 걸린 할머니 에바를 아무렇지 않게 요양원으로 보내버린다. 그리고 동네의 남자들과 어울리기 시작하더니 넬의 남편 주드와도 관계를 갖는다. 술라에게 남자들과의 육체적 관계는 도덕적인 문제가 아니라 서로의 즐거움을 위한 행위일 뿐이다.

동네사람들은 양심의 가책도 없이 할머니를 요양원에 보내고 행실이 불량한 술라를 마녀라고 비난하지만 술라는 상관하지 않는다. 뻔뻔한 술라의 태도를 보며 사람들은 기회만 있으면 술라에 대해 험담을 하고 동네에서 일어나는 모든 나쁜 일을 그녀 탓으로 돌린다. 그리고 점차 그녀를 경계하고 두려워하기 시작한다.

술라에 대한 경계심은 동네사람들을 변화시킨다. 술라가 자신들의 가정에 해를 끼칠 수도 있다는 생각으로 부부들은 서로를 아끼고 자식들을 보호한다. 그리고 술라의 나쁜 영향을 피하기 위해 마을 사람들은 서로 뭉치며 끈끈한 관계가 된다. 결국 술라는 혼자 고

립되며 마을 사람들을 단결시키고 있는 셈이었다.

상황이 곤란해진 주드는 넬을 떠난다. 넬은 술라로 인해 자신의 가정을 잃게 된 것이다.

술라는 에이작스라는 바람둥이 남자를 사귀게 된다. 이 만남이 이전과 다른 것은 그녀가 남자와의 관계에서 보다 진전된 감정적 교류를 하게 된 것이다. 하지만 그들의 사랑은 오래가지 못하고 술라는 버림을 받는다. 이로 인해 술라는 깊은 상실감을 겪다가 결국 병에 걸린다. 술라의 병이 깊어져서 회복의 기미가 보이지 않는다는 소식을 듣게 된 넬이 술라를 찾아간다. 3년 만의 만남이었다. 술라의 지갑에 동전 한 푼 남아 있지 않은 처지를 보고 넬은 술라에게 연민을 갖는다.

외롭지 않은지 묻는 넬에게 술라는 외로움도 내 것이니 괜찮다고 말한다. 그리고 주드를 포함한 남자들과의 관계에 대해 그것은 사랑이 아니라 자신의 텅 빈 마음을 채우기 위함이었다고 말한다. 넬은 끝까지 미안해하지 않는 술라의 모습에 분노를 느낀다.

술라는 죽고 마을 사람들은 그녀의 죽음을 다행스럽게 생각한다. 심지어 어떤 이들은 기뻐한다. 술라의 나쁜 영향을 피하기 위해 가정을 보호했던 마을 사람들은 술라의 죽음 이후 다시 예전의 모습으로 돌아간다.

세월이 많이 흘러 넬은 55세가 되었다. 그녀는 재혼하지 않고 혼자서 힘겹게 삼 남매를 키웠다. 마을에는 이제 아는 사람이 거의 남지 않아 그녀는 외로움을 느낀다. 삶이 허무하고 앞으로의 시간들에 대해 기대감도 별로 없다. 넬은 아직도 요양원에 있는 술라의 할머니 에바를 만나러 간다. 에바는 너무 늙었지만 넬을 기억하고 있었다. 요양원을 나온 넬은 한때 영혼의 친구였던 술라를 그리워한다. 그리고 사는 동안 내내 허무함에서 벗어나지 못했던 것은 주드 때문이 아니라 술라에 대한 그리움 때문이었음을 깨닫는다.

술라가 불행했던 근본적인 이유를 들여다보면 흑인, 여자, 빈곤한 가정이라는 외적인 조건 때문이 아니다. 그것이 삶에서 걸림돌이 되고 불편을 겪게 하는 요인이 될 수는 있다. 그러나 그녀는 불행을 자초했고 근원적인 이유는 의지의 부재에 있다. 그녀는 자신이 성장하면서 보고 들은 것을 그대로 답습하기만 할 뿐 자신에게 주어진 조건을 뛰어넘으려는 강한 의지가 전혀 없었다. 그녀는 살면서 다르게 살 수 있는 기회가 있었다. 할머니 에바의 재산으로 무언가를 할 수도 있었으며, 대학을 다니기 위해 외지에 나갔을 때 돌아오지 않고 그곳에서 자신의 성공을 위해 더 노력할 수도 있었다. 돌아왔을 때도 쾌락을 쫓느라 시간을 보내지 말고 건설적인 무언가를 할 수도 있었지만 그녀의 선택은 어머니나 할머니의 것과 별반 다르지 않았다.

그녀의 인생에는 자신의 삶을 바꾸려는 각고의 노력도 없었고, 사회적 연대감이나 도덕적 가치조차 존재하지 않았다. 그녀의 삶은 우리에게 성장을 위해 중요한 요소 중의 하나는 강한 의지임을 보여준다.

어려운 환경을 딛고 성공한 사람들은 강한 의지로 각고의 노력을 했다는 공통점이 있다. 19세기 영국을 대표하는 소설가 찰스 디킨스는 집안이 가난해서 어린 나이부터 공장에서 일했다. 당시 하층민이 일하는 공장은 더럽고 비참한 환경이었다.《올리버 트위스트》,《두 도시 이야기》,《데이비드 코퍼필드》등 그의 대표작들은 가난한 사람들에 대한 이야기로 자신의 경험이 녹아 있다. 방송인 중 가장 큰 성공을 거둔 사람 중의 한 명인 오프라 윈프리는 가난한 가정에서 태어나 성폭행을 당해 열네 살에 미혼모가 된 비참한 과거를 갖고 있다. 그러나 이들은 대단한 성공을 거두었고 그것은 전적으로 강한 의지와 피나는 노력으로 이루어낸 결과다.

우리는 같은 불우한 환경에서 자랐지만 찰스 디킨스, 오프라 윈프리와는 다르게 환경을 극복하지 못하고 삶의 실패자가 된 술라를 보면서 인간의 성장의 중요한 조건은 바로 용기와 결단, 노력임을 깨닫게 된다.

지금의 내가 있기까지는 수없이 많은 일이 있었을 것이다. 좋은 일보다는 나쁜 일이 훨씬 많기 마련이다. 그러나 지나고 나면 나쁜 일들이 삶에 더 도움이 됨을 깨닫게 된다. 삶은 우리에게 결코 친절하지 않다. 그러나 고난의 시간을 주면서 우리를 단련 시킨다. 우리의 성장에 든든한 뿌리가 되어줄 고난이라는 선물을 선사하는 것이다.

CHAPTER 13

우정의 조건

모든 사람에게는 친구가 있다. 그러나 각각의 우정은 서로 다른 내용을 갖고 있다. 그것은 상처의 원인이 될 수도 있고 성장의 단비가 될 수도 있다.

내가 친구라고 생각하는 사람이 모두 나의 친구가 아니라 그냥 지인일 수도 있다. 친구와 지인은 구별해야 한다. 모든 지인에게 친구처럼 할 필요는 없기 때문이다. 내가 지인으로 결정한 나의 지인에게도 내가 친구가 아닐 수 있으며, 지인에게는 다른 여러 명의 친구가 있을 테니 미안해할 필요는 없다.

친구로 관계를 이어가려면 서로의 노력이 필요하다. 그가 나의 진정한 친구라는 확신이 있다면 그 우정을 지키기 위해 어느 정도의 헌신, 때로는 내 것의 반을 내줄 수 있는 양보도 필요하다.

영화 〈디어헌터〉는 전쟁이 인간을 얼마나 피폐하게 만드는지를 보여주는 고발성 영화지만, 반 이상이 아니라 전부를 내주는 우정을 보여주는 영화다. 마이클, 닉, 스티븐은 어린 시절부터 한 동네에서 자란 친구다. 이들은 뒷산으로 같이 사슴사냥을 다니며 성장한다. 셋은 함께 베트남 전쟁에 참전하고 같이 포로로 잡혀 잔인한 고문을 당하고 죽음보다 더한 고통을 겪는다. 그러다가 베트콩들이 죽음을 담보로 즐기는 러시안룰렛 게임의 희생양이 될 뻔한 순간에 마이클의 용기로 셋은 탈출에 성공한다.

그러나 스티븐은 탈출하면서 입은 부상으로 두 다리를 잃고 요양원에 들어가 평생을 휠체어 신세를 지게 된다. 닉은 전쟁과 포로로 잡혀 있을 때의 경험에 대한 후유증으로 정상적인 생활을 하지

책으로 치유하는 시간

못한다. 그는 베트남에 남아 러시안룰렛을 도박으로 하는 곳에서 돈을 벌어 불구가 된 스티븐에게 송금한다.

마이클은 닉을 데려오기 위해 기억도 하기 싫은 베트남으로 다시 간다. 그러나 닉을 설득하지 못한 마이클은 마지막 방법으로 룰렛게임을 직접 하려고 닉의 앞에 앉는다. 총구를 자신의 관자놀이에 대고 닉을 슬프고 애정 어린 눈으로 바라보며 사랑한다고 말한다. 결국 닉은 게임 중 죽는다. 마이클은 닉의 주검과 같이 미국으로 돌아온다.

비록 전쟁이라는 끔찍한 경험을 함께한 친구들이지만 서로를 위해 목숨을 거는 진정한 우정을 볼 수 있다. 마이클에게는 자신의 목숨보다 친구가 더 소중했던 것이다.

나에게 목숨까지 내어주는 우정은 아니더라도 이런 진실한 우정이 없다고 생각된다면 나는 다른 이들에게 어떤 친구인지를 생각해보자. 별로 해준 것이 없다면 나에게 진정한 친구가 없는 것은 당연한 결과다.

《탈무드》에서는 칭찬하는 친구보다 비난하는 친구를 가까이하라고 했지만 경우에 따라 다르다. 친구 사이의 비난은 충고라는 차원에서 유용할 수 있지만 친하기 때문에 상처로 다가온다. 우리는 정말 친한 친구는 나에게 비난보다는 무조건 내 편이 되어주기를 바란다. 또 칭찬이라고 해서 다 겉치레라고 할 수는 없다. 칭찬의 말을 들으면 더 의욕이 샘솟기 마련이다.

아무리 허물없고 친한 친구 사이라 해도 한없이 받거나 주기만

하면 그 관계는 유지되기 힘들다. 서로가 무엇을 주었으며 무엇을 얻었는지가 중요하다. 일방적인 관계의 책임은 전적으로 자신에게 있다. 친구를 통해 무엇인가를 얻는 것은 중요하다. 그리고 그것을 통해 성장해야 한다. 우정을 통해 성장할 수 있다면 그것은 매우 값진 관계다.

진 정 한 우 정 이 란
무 엇 인 가 ?

《나르치스와 골드문트》

헤르만 헤세의 소설 《나르치스와 골드문트》는 한 인간이 우정을 통해 어떻게 내적으로 성장해가는지를 보여준다.

소설은 골드문트가 마울브론 수도원에 입학하는 것으로 이야기가 시작된다. 골드문트는 이성적이기보다 감성적이고 감정적이다. 그는 섬세하고 마음을 중시한다. 수도원에 입학하던 날, 자신을 두고 떠나는 아버지가 멀리 사라질 때까지 그 자리에 서서 뒷모습을 바라본다. 그리고 마구간에 가서 아버지가 두고간 말의 목을 껴안고 혼자 남겨진 외로움과 떠나온 집에 대한 그리움을 나눈다.

그렇다고 해서 그가 마냥 착하고 나약한 것은 아니다. 그는 자신의 마음이 가는 것을 중요하게 생각하며 그것을 위해 다른 것을 버릴 용기도 갖고 있다. 그는 신입생인 이유로 텃세를 겪게 되는데 자신을 놀리고 시비를 거는 동급생과의 싸움을 피하지 않는다. 게다가 사건의 과정을 묻는 교장에게 사실을 숨김없이 말하고 싸웠던 아이와 화해한다. 그는 용기 있고 불의에 침묵하지 않으며 나쁜 감정을 오래갖고 있지 않는다.

나르치스는 골드문트보다 서너 살 위인 조교사다. 똑똑하고 지혜로우며 고상한 인품으로 학생들에게 존경을 받는다. 그는 많지 않은 나이에 조교사가 될 만큼 굉장한 학식을 갖고 있다.

나르치스는 야윈 몸매에 어두운 분위기를 지니고 있고 분석적이며 사색적이다. 골드문트는 아름다운 외모에 몽상가이고 동심을 지녔다. 이들은 상반된 성향을 가졌지만 고귀한 품성을 가진 공통점이 있다. 골드문트는 고상하고 진지하며 자제력 있는 학자인 나르치스를 존경하고 나르치스는 아름답고 밝은 골드문트를 친구로 삼고 싶어 한다.

이들은 자신이 갖지 못한 것을 가진 상대에게 끌린다. 골드문트는 나르치스의 따뜻한 관심에 감격스러워한다. 모든 학생의 선망의 대상인 나르치스가 자신에게 관심을 가져준 것은 그에겐 대단한 사건이다. 그러나 골드문트는 그 호의를 순순히 받아들이지 못한다. 우리가 과분한 상대가 나에게 관심을 가지면 왜 나에게 그러는지 의문을 갖듯이 골드문트도 나르치스의 호의에 의문을 갖는다.

나르치스는 골드문트에게 애정을 숨기지 않는다. 그가 아팠을

책으로 치유하는 시간

때 돌봐주고 학교에서 일어나는 일이나 학문에 대한 충고를 아끼지 않았다. 또 책 가운데 어려운 대목을 설명해주었으며 골드문트가 논리학과 신학의 영역에 눈을 뜨도록 시야를 넓혀주었다.

그러나 골드문트는 일반적인 대등한 관계에서의 우정을 원했다. 그래서 골드문트는 나르치스와의 우정이 흡족하지 않다. 친구로서의 우정이라기보다는 조교사로서의 친절로 느껴질 때가 많았기 때문이다. 골드문트는 나르치스를 좋아하면서도 때로는 서글픔을 느낀다.

하지만 나르치스도 이 우정에 대해 힘들어하기는 마찬가지였다, 그는 아무런 생각 없이 끌리는 대로 행동하지 못하는 사람이다. 분석적인 그는 이 우정의 운명과 의미를 확실히 알고 있기 때문이다. 감성적인 골드문트를 이끌어주고 책임지는 것이 자신의 몫임을 알고 있으므로 그는 사랑을 하면서도 고독하다. 우정은 책임지는 것이 아니라 누리는 것이지만 나르치스의 천성은 그렇지 못하기 때문이다.

시간이 지나 몸이 성장하고 마음이 자라면서 골드문트는 자신의 영혼을 재발견한다. 아직 장래의 목표에 대해서는 확실하게 정한 것이 없지만 막연하게 자신의 운명에 대한 예감으로 불안해하곤 한다. 그러나 나르치스는 본능적이고 사사로운 감정과는 멀리 있다. 금욕이나 신앙적 수련을 열망하고 단식이나 침묵기도, 잦은 고해, 자의적인 고행을 계속한다.

이렇게 너무나 다른 두 사람의 우정은 어쩌면 애초부터 불가능

한 것일 수 있다. 이들은 둘 다 좋은 성품을 지녔지만 매우 다른 정
신세계를 갖고 있기 때문이다. 아마 학창시절 나와 너무 다른 친구
를 선망하고 가까워지고 싶어 했던 경험이 있을 것이다. 이런 소망
은 인내하면서 받아들이고 우정으로 발전하면 좋겠지만 그렇지 않
으면 충족되지 않는 욕망이 되어 상처가 될 수 있다.

　이들은 서로에게 우정을 원하면서도 더 다가서지 못한다. 귀한
물건에 흠집이 날까봐 지나치게 조심하는 것처럼 두고 보기만 할
뿐이다. 그러나 어떤 물건이든 사용할 때 비로소 진정한 가치가 느
껴지듯이 이들의 우정은 서로에게 적극적으로 나누어지지 않기에
진전이 없다.

　어느 날 골드문트는 학교를 몰래 빠져나가 만난 한 소녀와의 입
맞춤으로 혼란스러움에 빠진다. 나르치스는 괴로움에 시달리는 그
를 위로해주지만 혼란스런 경험으로 인해 골드문트는 감정적으로
불안정한 상태가 된다. 분석적인 나르치스는 골드문트의 감정적 불
안정함에 대해 그 원인이 어머니로부터 물려받은 것이라고 말해준
다. 그 말에 골드문트는 찬성하지 않고 반감을 갖지만 결국 자신의
의식 속에서 그것을 인정하게 된다. 그리고 우연히 만난 리제라는
여인을 통해 그리움과 아름다움의 속성을 이해했다고 믿으며 미련
없이 수도원을 떠난다. 이들의 우정은 이렇게 끝날 것처럼 보이지
만 각자의 시간 속에서 계속해서 성장한다.

　골드문트는 방랑생활을 하며 많은 여자와의 사랑을 통해 그전에
는 상상할 수 없었던 자신의 내면에 있는 사랑에 대한 불타는 열정

을 알게 된다. 하룻밤 재워준 집의 농부의 아내를 비롯해 어느 한 곳에서 하루 이상 머물지 않고 가는 곳마다 여인들과 사랑을 나눈다. 그러나 불꽃처럼 타오르다가 이내 식어버리는 열정을 느끼며 사랑의 무상함을 깨닫게 된다.

계속 방황을 하던 골드문트는 진정으로 사랑을 느끼게 되는 여인을 만난다. 어느 부유한 노기사가 부족한 실력으로 순례여행기를 쓰고 있었는데 골드문트에게 정서해주는 대가로 저택에 머무르기를 제안한다. 골드문트는 그곳에서 오랜만에 안정된 환경의 혜택을 누린다. 그리고 노기사의 아름다운 딸 리디아를 진정으로 사랑하게 된다. 그러나 결국 쫓겨나면서 사랑도 끝나고 풍요로운 생활과도 작별한다.

그는 다시 방랑을 하게 되고 우월감에 가득 찬 빅토르를 만나지만 그의 허세에 매우 실망한다. 그리고 자신의 금화를 훔치려는 그를 죽이고 만다. 골드문트는 살인에 대해 스스로를 방어하면서도 한편으로 자괴감에 빠진다.

참회의 시간을 갖게 된 골드문트는 우연히 가게 된 성당에서 마리아상의 얼굴에 서려 있는 고통을 본다. 그리고 조각상을 만든 니콜라우스의 제자가 된다. 하지만 그는 조각품을 만드는 기술자에 불과한 사이비 예술가로 삭막하고 이기적인 본성을 갖고 있는 사람이었다. 골드문트는 이미 많은 경험을 통해 사람을 알아보는 혜안을 갖게 되었으므로 그를 스승으로 모시지만 존경하지는 않는다. 니콜라우스도 골드문트의 방랑벽, 돈과 소유에 대한 무관심, 낭비벽, 많은 염문과 주먹다짐을 마음에 들어 하지 않는다. 더욱이 자신의 딸을 쳐다보는 눈초리도 싫어한다. 그러면서도 그를 내쫓지 않는 이유는 골드문트가 만들고 있는 조각 작품이 훌륭하기 때문이다. 그 조각상은 나르치스를 모델로 한 것이었다.

골드문트는 방랑생활을 하며 자신이 진정으로 존경하는 사람은 나르치스뿐임을 점차 깨닫게 된다. 그는 자신이 부지런한 사람이 아님에도 왜 수도원에서는 까다로운 문장론을 공부하며 고생을 참아냈었는지를 생각한다. 그리고 그것이 나르치스에게 우정을 얻기 위함이었음을 알게 된다. 그의 주의를 끌고 인정을 받아서 그와 친구가 되었지만 나르치스는 냉정하게 그가 학자가 될 만큼은 아니라고 알려주었었다. 그의 재능은 학문이 아니라 다른 곳에 있음을 처음 말해준 사람이 바로 나르치스였다. 골드문트는 자신을 정확하게 파악하고 갈 길을 알려준 나르치스를 무한히 존경하며 깊은 애정을 갖고 그리워하게 된다.

골드문트는 조각상을 완성하고 다시 길을 떠난다. 흑사병이 도는 세상을 목격하고 죽음과 삶에 대해 깊이 깨달으며 인생을 더 알아간다. 그리고 백작의 정부와 사랑을 나누다가 잡혀 사형을 받을 처지에 놓이는데 위기의 순간에 나르치스의 도움으로 풀려난다. 나르치스는 수도원장이 되어 있었다.

나르치스는 굴곡 없는 정도의 길만 걸었다. 그는 학문에 정진했으며 욕망이 유혹하는 때도 있었으나 욕구를 다스리는 데 실패한 적이 없었다. 그의 눈은 나이가 들수록 깊어졌으며 맑고 청량했다.

늙고 병든 몸으로 수도원에 돌아온 골드문트는 조각상을 만드는 데 혼신의 힘을 다한다. 자신이 진정 사랑했던 여인인 리디아를 모델로 성모상을 만든다. 조각상을 완성하고 그는 더 이상 고통과 욕심이 없는 온화한 미소를 띤 얼굴로 죽음을 맞이한다. 나르치스는 자신이 사랑을 알게 되고 하느님의 은총을 받을 수 있었던 것은 골드문트 때문이며 여러 사람 중에서 골드문트만을 사랑했었다고 고백한다.

골드문트는 오랜 벗이자 인생의 동반자였던 나르치스의 품에 안겨 죽음을 맞는다.

골드문트에게 나르치스라는 친구가 없었더라면 그는 어쩌면 떠도는 방랑객으로 생을 끝마쳤을 수도 있다. 그러나 그를 더 높은 수준의 정신세계로 끌어올린 것은 나르치스라는 존재다. 그에게는 함께 있지 않아도 언제나 나르치스라는 지향점이 있었다. 그것은 하나의 목표처럼 항상 그를 이끌어주었다.

어떤 친구가 그저 재미있고 함께 시간을 잘 보내는 대상이라면 다른 친구로 대체해도 된다. 그러나 내가 이런 행동을 하는 것을 그가 보면 부끄러우니 하지 말아야겠다는 생각이 든다면 그 친구는 나를 발전하게 하는 진정한 친구다.

표면적으로 보면 나르치스는 골드문트라는 친구가 없어도 상관없어 보인다. 그러나 나르치스도 골드문트라는 친구를 통해 인간의 복잡한 감정을 이해하게 되었고 내면의 조화를 이루는 성장을 할 수 있었다. 그래서 골드문트를 보내며 그와의 우정에 대한 최고의 찬사를 보낸 것이다.

우리는 이렇게 우정에 대한 찬사를 고백해주는 친구가 과연 있는가. 이렇게 서로를 성장하게 하고 끝없이 존경할 만한 친구를 갖고 있는가. 진정한 우정은 이들처럼 서로에게 줄 것이 있고, 그것을 아까워하지 않으며, 진심을 이해할 수 있는 아름다운 관계다.

열 등 감 과   우 월 감 이
지 배 하 는   우 정 은
우 정 이   아 니 다

《밤이여, 나뉘어라》

친구가 내 성장의 이유이자 원동력이지만 만약 그것이 열등감일 때가 있다. 그럴 경우 나를 내적으로 충만하게 성장하게 하는 것이 아니라 갖지 못한 것을 치열하게 쫓도록 하기 때문에 자칫 위험한 우정으로 변질된다. 그리고 남는 것은 상처뿐이다.

정미경의 소설 《밤이여, 나뉘어라》에 그런 인물이 등장한다.

이 소설에 등장하는 사람은 세 명이다. '나'와 나의 친구 P, 그리고 P의 아내인 M이다. 소설은 1인칭 '나'로 쓰여 있지만 여기서는 '그'라는 호칭으로 말하겠다.

고등학교 때부터 천재의 기질을 갖고 있던 P를 그는 아무리 해도 따라갈 수가 없었다. 만일 그가 그저 그런 학생이었다면 P를 다른 세계의 사람이라고 제쳐놓으면 그만이겠지만 그도 우수한 학생이기에 시기심과 열등감을 갖는다.

M은 그의 문예반 후배로 그는 M을 짝사랑하지만 M은 P를 좋아한다. 그는 공부에서도 사랑에서도 P보다 뒤진다.

P가 의대를 가자 그도 따라서 의대로 진학한다. 의대에서 P는 더욱 천재성을 드러내고 도저히 따라갈 수 없는 그는 자신의 한계에 부닥쳐 진로를 바꾼다. 그는 영화계에 들어가 10년 동안 앞만 보고 달려 국내외에서 알아주는 영화감독으로 성공했다.

그 사이 P는 M과 결혼하고 미국에서 의사로 살고 있었다. P는 그답게 미국에서도 외과의사로 이름을 떨치다가 어느 날 갑자기 의사를 그만두고 노르웨이의 운자크레보라는 작은 마을에서 신약개발을 위한 연구를 한다.

그는 P를 만나 자신의 성공을 보여주고 싶은 일념으로 영화제 참석차 출국한 김에 노르웨이까지 P를 찾아간다.

P의 집에서 며칠을 보내는 동안 그는 P와 M의 현실을 보게 된다. P는 알코올 중독자가 되어 있었고, M은 불행한 결혼생활을 하고 있었다. 그들의 이런 현실은 항상 P보다 뒤처져 있던 그에게 희소식이어야 하는데 그렇지가 않다. 객관적으로 보기에 P는 엉망으로 망가진 것처럼 보이는데 정작 당사자는 그것을 괴로워하지 않기 때문이다.

P는 시니컬하고 남의 인생에 관심이 전혀 없고 혼자 잘났다는 태도로 그를 대했다. 그런데 그 모습은 억지로 꾸며내는 것은 아닌 듯해서 그는 조바심이 난다. 또 자신의 영화를 대수롭지 않게 생각하

는 걸 보면서 P의 인생에 자신은 별로 영향력 있는 존재가 아님을 느낀다.

그의 안간힘은 전의가 없는 상대를 대상으로 한 혼자만의 싸움이었을 뿐이다. 그는 마지막 승자가 자신이라는 승리감을 누리고 싶지만 그래도 되는지, 자신이 승자인지를 알 수가 없다. 화려하게 성공한 자신이 알코올 중독자가 되어 있는 P의 처지를 마음껏 동정하고 싶지만 P가 이제는 더 이상 이룰 것이 없어서 모든 것을 무의미하게 보고 있다는 생각이 들어 동정도 하지 못한다.

그는 P와 M의 불행이 가슴 아프지도 않다. 미술관에서 본 뭉크의 절규가 P와 M이 아닌 마치 자신의 현실을 보는 듯 아프게 느껴질 뿐이다.

P는 그와 상관없는 사람이었다. 그들은 친구가 아니었음에도 그는 혼자서 P를 친구로 여기고 끝없이 경쟁하고 비교하며 관심을 가졌다.

그는 마치 누군가 함께 달리는 사람이 있는 줄 알았는데 골인지점에 들어와 보니 아무도 없이 혼자 달리고 있었던 것이나 마찬가지였다. 혹시 뛰다가 다리라도 접질렸다면 그 후회는 돌이킬 수 없었을 것이다.

친구란 주고받는 관계여야 할 뿐 아니라 내가 무엇을 주고 있는지, 또는 무엇을 받고 있는지를 알아야 한다.

만약 몰래 자신과 친구를 비교하며 우위를 생각한다면 그것은 진정한 우정이 아니라 정리해야 할 관계다. 평생 열등감이나 우월감으로 살아야 할 테니 말이다. 열등감이나 우월감은 친구 관계에서는 바람직하지 않은 감정이다. 그것을 누리며 지속하는 우정에서 얻는 것은 상처뿐일 것이다. 우정의 조건은 서로가 우리는 친구라고 인정하고 그것을 위한 행동이 뒤따라야 한다. 또한 그 행동은 순수함을 바탕으로 한 것이어야 한다.

책으로 치유하는 시간

우리 삶에서 가족 다음으로 중요한 관계는 친구들일 것이다. 친구 중에는 가족 이상으로 친한 사람이 있을 때도 있다. 그래서 우정만큼 우리를 힘나게 하고 반대로 상처나 배신감을 주는 관계도 없다. 친구는 혈연으로 맺어진 관계가 아니므로 무조건 주고받는 관계가 되기는 쉽지 않지만 이익이나 계산이 짙은 관계는 진정한 우정이 될 수 없다.

자기 자신을 사랑할 권리

프랑스 작가 에밀 졸라는 "진실을 땅에 묻으면 스스로 자라나 무섭게 폭발한다"고 했다. 그러나 살면서 모르는 게 약인 경우도 많다.

적나라하게 진실을 파헤치면서 상처를 치유하는 것도 용감한 행동일 수 있지만 그것보다 평화로운 방법도 있다. 상처받을 환경을 비켜가는 것이다.

동창회만 다녀오면 남들 사는 게 부러워서 상처투성이가 되는 사람들은 동창회에 가지 말아야 한다. 돈이 없어 명품백을 살 수 없다면 명품매장에 가지 말아야 한다. 골프장 필드에 나가서 드는 비용이 부담스럽다면 골프 말고 다른 운동을 해야 한다. 동창회에 가지 않아도 친구는 사귈 수 있다. 명품백이 아니어도 질 좋은 가방은 많다. 골프 말고도 할 수 있는 운동은 너무 많지 않은가.

그런데 나 자신은 물론 주위 사람들을 둘러보라. 아닌 것을 뻔히 알면서도 애쓰며 스스로 상처받는 경우가 얼마나 많은가. 내 능력으로 할 수 있는 일도 많은데 자존심을 내세워 능력 밖의 일을 하면 결과가 좋을 수 없고, 절망감만 들게 된다. 그래서 만약 현재 상처받을 환경에 있다면 그것을 비켜갈 수 있는 것에 몰두하는 것이 정답이다.

실연을 한 후에 이제부터 책을 무진장 읽을 거야, 이제부터 일만 할 거야, 이제부터 과거의 나는 없는 거야 등 이런 말과 행동을 하는 것은 자신에게 특효약을 처방하는 것과 같다. 몇날 며칠을 방 안에 틀어박혀 지나간 사랑을 추억하고 상실감에 빠져 헤어나지 못하는 것보다 훨씬 바람직한 선택이다.

상처에서 벗어나려면 다른 공간과 시간이 필요하며 그 속에서 무엇에든 몰두해야 한다. 천성적으로 그게 안 된다는 생각은 갖지 말자. 상처받지 않는 사람은 없으며 상처받을 만한 환경에 있으면서 혼자 상처받지 않을 수 있는 강철 멘탈은 없다.

	내	가		나	를		존	중	한	다	면
		그		무	엇	도		나	를
		무	너	뜨	릴		수		없	다

《이반 데니소비치의 하루》

알렉산드르 솔제니친의 소설 《이반 데니소비치의 하루》에서는 극한의 상황에서 자신의 자존감을 잃지 않는 사람들을 만날 수 있다. 일상화된 굶주림, 인간 대접도 받지 못하는 열악한 환경, 미래를 기약할 수 없는 절망 속에서도 주어진 삶에 최선을 다하는 인간의 품위를 엿볼 수 있는 사람들이 등장한다.

주인공 이반 데니소비치 슈호프는 인간이 본능적으로 갖고 있는 성공이나 명예욕은 고사하고 평범한 삶마저 누릴 수 없는 사회에 갇혀 큰 상처를 받는다. 이런 환경에서는 누구라도 사회를 탓하고 자신의 불운을 탓하겠지만 슈호프는 이 상처를 비켜간다. 그저 주어진 대로 하루하루를 버티는 게 아니라 열심히 산다. 그는 상처를 상처가 되도록 하지 않았다.

슈호프처럼 최악의 환경 속에서 마치 하루를 선물받은 것처럼 최선을 다하는 삶은 물질적으로 풍요를 누리면서도 만족하지 못하고 스스로 상처를 내는 우리에게 좋은 교훈이 될 수 있다. 그의 삶의 자세를 단순히 긍정적인 자세나 성실함으로 규정짓기는 어렵다. 그는 주어진 최악의 삶을 버텨내기 위해 최선을 다하기 때문이다.

이반 데니소비치 슈호프는 소련(러시아)의 평범한 농부였으나 제2차 세계대전 중 독일과의 전쟁에 참전했다가 간첩으로 몰려 수용소에 보내졌고, 그 후로 8년째 강제수용소에 수감되어 있다. 그의 죄목은 반역죄다. 재판에서 그는 짓지도 않은 자신의 죄를 사실이라고 인정했다. 조국을 배반하기 위해 독일군의 포로가 되었고, 포로가 된 다음 풀려난 것은 독일첩보대의 앞잡이 노릇을 하기 위해서라는 점도 인정했다. 그러나 어떤 목적을 위한 것이었는지는 슈호프 자신도, 취조관도 꾸며낼 수가 없어서 그저 목적이 있었다는 명목으로 조서가 작성되었다.

슈호프가 자신이 하지도 않은 일을 인정한 이유는 부정하면 죽음을 각오해야 하지만 인정하면 얼마가 됐든지 목숨을 부지할 수는 있기 때문이다.

슈호프는 1941년에 집을 떠나 현재 1951년이 되었다. 태어난 지 40년이 되었고 그중 8년을 짓지도 않은 죄 때문에 강제수용소에서 살고 있다. 40세임에도 영양실조로 이는 반이 빠지고 머리숱도 얼마 되지 않는다.

수용소에서는 급식과 노동이 철저히 비례한다. 작업을 대충대충

하면서 시간을 보내는 것은 어림없는 일이다. 이곳은 각자에게 임금이 지불되는 세상이 아니라 상관이 감독을 하지 않아도 반원들끼리 독촉을 하며 작업을 하도록 하는 감시체제다. 반 전원이 급식을 타먹게 되느냐, 아니면 굶주리게 되느냐 하는 생존의 문제가 걸려 있기 때문이다.

수용소의 식사 질은 형편없지만 그거라도 먹을 수 있으면 다행이다. 5일마다 하루가 절식일로 정해져 있는데 작업 성적이 좋든 나쁘든 수용소 전체가 똑같이 절식을 한다. 절식을 하는 이유는 작업성적과 상관없이 죄수들에게 식량배급을 공평하게 한다는 그럴듯한 이유를 들지만 실상은 작업 성과에 따라 반마다 급식의 양이 달라지므로 식량을 아끼려는 의도다. 죄수들은 영하 40도가 넘는 추운 작업장에서 5일 일하고 4일 얻어먹는 셈이다.

슈호프가 맞이한 겨울의 그날 아침, 그는 일어났을 때 몸이 좋지 않음을 느낀다. 의료소에 갔지만 하루 노동면제자가 이미 정해져 있었으므로 몸의 상태와 상관없이 작업을 피할 수 없다. 그는 혹한의 추위를 뚫고 작업장으로 이동하여 작업을 시작한다. 그는 노동 없이는 결과물이 없다고 생각하며 자신은 무슨 일을 해도 남보다 못하지 않다는 자부심을 갖고 있다.

그날은 벽돌 쌓는 작업이 그들을 기다리고 있다. 슈호프는 104반에 소속되어 있다. 그는 손재주가 뛰어나 104반의 작업 수행에 없어서는 안 될 사람이다. 그날도 슈호프는 몸이 좋지 않은 것조차 잊고 평소와 다름없이 일에 빠져든다. 일단 일을 시작하면 슈호프

책으로 치유하는 시간

는 일 이외에는 아무것도 눈에 들어오지 않고 쌓아올릴 벽돌에만 온 신경을 집중한다. 일단 일을 시작하면 그는 추위도 배고픔도 잊어버린다.

하루 종일 일하고 어두워져서야 수용소로 돌아왔지만 그는 바삐 움직인다. 그의 반원 중에 체자리 마르코비치라고 하는 부자 죄수의 잔일을 해주러 가야 하기 때문이다.

이것은 누가 시켜서 하는 일도 아니고 체자리가 부탁한 것도 아니다. 항상 이 시간엔 소포를 찾기 위해 죄수들이 몰려가므로 추위에 줄을 서서 기다려야 하는데, 부자인 체자리는 그런 불편함을 겪고 싶어 하지 않는다. 체자리는 같은 죄수라도 돈이 많아서 사무직으로 빠져 따뜻한 난로가 있는 곳에서 일을 한다. 슈호프는 줄을 서 있다가 거의 차례가 되었을 즈음에 체자리와 교대를 해주는 대가로 체자리의 저녁 식사를 양보 받아 두 배의 식사를 한다. 체자리 같은 부자 죄수는 수용소의 형편없는 식사보다는 소포로 받는 좋은 음식들을 먹기 때문이다.

슈호프에게는 소포가 오지 않는다. 가난한 아내가 소포를 보내려면 얼마나 애써야 하는지를 알기 때문에 아내에게 보내지 말라고 신신당부를 해놓았다. 그러나 그도 사실은 반원들이나 막사 안의 다른 사람들이 소포 받는 모습을 보면 괜히 울적해지곤 한다.

슈호프와 친하게 지내는 사람 중에 알료쉬카라는 인물이 있다. 그는 신앙심이 깊은 사람으로 항상 기도를 하고 기도의 중요성을 말한다. 식량소포가 오게 해달라거나 양배춧국 한 그릇을 더 달라고 기도해서는 안 되며 영혼에 관한 기도를 해야 한다고 강조한다. 하지만 슈호프는 아무리 기도를 해도 형기가 줄어드는 일은 없다고 생각한다. 그럼에도 그는 알료쉬카를 비난하지는 않는다. 수용소에 있는 사람들이 살아가는 이유를 슈호프는 이제 이해하고 있기 때문이다.

그는 수용소에서 가장 오래된 노인을 가끔 주시한다. 노인이 이 수용소에 얼마나 있었는지는 헤아릴 수가 없다. 그는 단 한 번의 특사를 받은 적도 없다. 십 년간의 형기가 끝나면 다시 또 십 년이 늘어나는 것을 반복해왔다. 수용소 내의 죄수들이 모두 새우등처럼 허리를 굽히고 있는 반면 유독 노인만은 허리가 꼿꼿하다. 머리카락은 모두 빠져서 이발할 필요도 없고, 이도 모두 빠져 있다.

그는 식당 안에서 일어나는 모든 일과 하등의 관계가 없다는 듯 언제나 먼 허공을 바라본다. 그는 끝이 닳은 나무 수저로 건더기도 없는 국물을 단정한 모습으로 먹는다. 빵도 다른 죄수들처럼 식탁에 아무렇게나 내려놓지 않고 깨끗한 천을 밑에 깔고 그 위에 놓는다. 이가 없지만 딱딱한 빵을 잇몸으로 꼭꼭 씹어 먹는다. 얼굴에는 생기라고는 찾아볼 수 없지만 그는 어딘가 당당한 빛이 있다. 그의 거친 손은 수십 년의 감옥살이에서 얼마나 중노동에 시달렸는지를 짐작케 하지만 그는 전혀 굴하지 않는 얼굴을 하고 있다. 그런 점에서 슈호프는 노인을 볼 때면 존경하는 눈빛을 담아 바라본다.

슈호프는 노인에게서 인간의 품위를 보았을 것이다. 굶주림, 견디기 어려운 중노동, 간부들의 학대, 인간 이하의 처우도 노인을 하찮게 만들지 못했다. 그 모든 상처도 자기가 자신을 존중하고 자존감을 잃지 않는 품위 앞에서는 무릎을 꿇고 만다.

우리 모두에게는 노인처럼 자기 자신을 드높일 권리가 있다. 외부의 어떤 조건도 내가 나를 인정하고 존중하는 자존감보다 중요한 것은 없다. 남들보다 좋은 집, 남들보다 비싼 차, 명품 의상, 높은 지위가 그 사람의 품위를 만드는 것이 아니다. 그것은 그보다 더 좋은 조건을 가진 사람이 나타난다면 바로 품위를 잃게 할 테니 말이다. 그러나 어떤 환경, 어떤 조건에서도 자기 자신을 존중하고 자존감을 잃지 않는다면 그것은 곧 품위 있는 모습이 된다. 그 어떤 것도 그것을 잃게 하지 못하기 때문이다.

그날 슈호프는 체자리의 소포를 갖다 주고 저녁 식사를 양보 받았을 뿐만 아니라 약간의 비스킷과 소시지를 얻었다. 그는 그것을 혼자 먹지 않는다. 남에게 친절을 베풀지만 자신을 위해서는 돈 한 푼 벌지 못하는 알료쉬카에게 비스킷을 한 개 준다. 이곳에서 비스킷은 상상할 수 없을 정도로 귀하지만 기도 외에는 재주가 없는 알료쉬카의 처지를 딱하게 여기기 때문이다.

이반 데니소비치의 하루가 이제 끝나가는 시간이다. 슈호프는 흡족한 마음으로 잠자리에 든다. 오늘 하루는 그에게 아주 운이 좋은 날이었다. 영창에 들어가지도 않았고, 사회주의 생활단지로 작업을 나가지도 않았으며, 식사도 두 배로 했다. 즐거운 마음으로 벽돌쌓기를 했고 작업은 아주 잘되었다. 또 잔일을 해서 번 돈으로 잎담배도 사서 챙겨놓았다. 그리고 침대 매트리스 속에는 두 덩어리의 빵이 숨겨져 있다.

슈호프는 그의 형기가 시작되어 끝나는 날까지 수용소에서 모든 하루를 이렇게 보낸다.

슈호프는 수용소에서 점점 현명해져간다. 원망하고 약삭빠르게 살아도 수용소의 시간은 마찬가지로 흘러간다는 삶의 지혜를 깨달 았기 때문이다. 그는 하루를 살아내면 수용기간이 하루 줄어드는 것 만을 인정하며 산다. 오랜 세월이 흘러 그가 자유의 몸이 되었을 때 수용소에서의 생활로 받았던 몸과 마음의 상처가 그를 힘들게 할지 라도, 현재 수많은 상처의 이유 속에서도 그는 당당하게 하루를 버 텨내고 있다. 비굴하지 않고, 욕심 부리지 않고, 자신의 능력이 할 수 있는 것을 최대한 하면서 하루하루를 살아간다. 그는 중요한 것 은 '바로 지금'이라는 사실을 아는 현명함을 갖고 있기 때문이다.

수용소의 슈호프와 노인은 자존감을 높이는 방법을 알고 있으며 자신을 사랑할 권리를 포기하지 않았다.

자신의 가치를 끝까지 지켜내는 사람들은 우리로 하여금 존경심 을 느끼게 한다. 저널리스트이자 기자인 오리아나 팔라치가 사랑한 남자도 그런 사람이었다. 아직까지도 그녀를 넘어설 만한 인터뷰를 할 기자가 없다는 평을 듣고 있는 오리아나 팔라치는 독신으로 일 에 빠져 사랑과는 거리가 먼 여자였다.

그런 그녀가 사랑한 남자는 그리스의 시인이자 반독재 혁명가였 던 알렉산드로스 파나굴리스다. 그는 1967년 군인이었던 파파도 풀로스가 쿠데타를 일으켜 그리스 정권을 장악하고 독재정치를 하

책으로 치유하는 시간

자 그를 암살하려다 실패했다. 무자비한 고문을 당하고 무덤 속 같은 어둡고 작은 독방에서 5년간 감금되어서도 그는 저항을 멈추지 않았고, 사면으로 풀려난 뒤에도 반독재운동에 앞장섰다. 그는 풀려나와서 한동안 좁고 어두운 공간에 감금되어 있었던 후유증을 겪는다. 눈이 부셔서 햇빛을 보지 못하고 넓은 공간으로 가면 구석으로 도망을 다녔다. 그런 그를 오리아나 팔라치는 만나자마자 존경하고 사랑하게 된다. 그들은 파나굴리스가 죽을 때까지 연인으로 살았다.

파나굴리스와 같은 인물은 우리 역사에서도 찾아볼 수 있다. 일제에 맞서 독립운동을 했던 독립투사들, 독재정권에 저항한 열사들은 비굴함보다는 죽음을 택해 자존감을 지켜냈다.

만약 지금 하루하루가 괴로운 나날이라면 지옥같은 삶 속에서도 매일을 선물받은 것처럼 소중히 살았던 슈호프와 노인을, 그리고 처절한 현실 속에서도 자신의 신념을 위해 싸웠던 열사들을 떠올려 보자. 우리가 자신을 온전히 사랑하는 한 이 세상에서 우리에게 상처를 줄 수 있는 것은 없다.

나를 사랑하는 것은 우리에게 주어진 당연한 권리다. 그것을 드
러낼 방법은 자존감이다. 나를 소중하게 생각하면 자신을 함부로
하지 않는다. 초라하지 않고 비굴하지 않으며 타협하지 않는 것
은 자존감을 갖고 있는 사람들의 특징이다. 이런 사람들은 다른
사람들이 쉽게 넘보지 못한다. 자신을 사랑한다는 것은 자신을
지키는 것이다. 그것은 오직 자신만이 할 수 있는 상처에서 멀어
지는 방법이다.

CHAPTER 15

희망은 상처에
매몰되지 않도록
이끄는 등대

영화의 고전 〈빠삐용〉은 인간에게 희망이 어떤 가치를 갖고 있는지를 잘 보여주는 영화다. 금고털이범 빠삐용과 위조지폐범 드가는 악명 높은 프랑스령 기아나수용소에 수감된다. 드가는 아내가 변호사와 힘을 합해 자신을 구해줄 것이라는 희망을 갖고 있다. 빠삐용은 탈옥하여 자유를 찾겠다는 희망을 갖고 실패를 거듭하면서도 계속 탈옥을 시도한다. 이들이 마지막으로 만난 감옥은 상어와 바다로 둘러싸인 섬으로 죽기 전에는 탈출할 수 없는 곳이다. 드가는 아내와 변호사에게 배신을 당하자 밖으로 나가도 돈 한 푼 없는 신세라서 탈출의 희망을 갖지 않는다. 단지 이 섬에서 자신의 집과 울타리 안에 있는 채소와 가축을 도둑맞지 않고 살면 된다고 생각한다. 빠삐용은 이가 전부 빠지고 기력이 쇠잔해졌지만 섬을 탈출하겠다는 희망을 버리지 않는다. 결국 그는 탈출을 시도하고 성공한다. 이 영화를 통해 오늘이 생의 전부가 아니기에 내일을 살기 위해 희망이 삶에서 어떤 역할을 하는지 볼 수 있다.

주말에 좋은 계획이 있다고 하자. 생각만 해도 설레고 주말이 기다려진다. 그러나 이제 고작 화요일이다. 주말이 되려면 아직도 수목금을 이른 출근과 야근에 시달려야 한다. 근사한 주말을 위한 조건은 남은 평일을 살아야 한다는 것이다. 우리 삶에는 항상 수목금처럼 건너야 할 강이 있다. 그러나 뚜렷한 목표가 있으면 눈앞에 있는 강은 거뜬히 건너게 된다. 희망이 없다는 것은 의욕이 없는 상태다. 의욕 상실은 어떤 경험으로 인해 마음의 상처가 클 때 일어난다. 그래서 아무리 힘들어도 희망은 잃지 말아야 할 가장 큰 가치다.

삶 에 서 희 망 없 음 은
죽 음 과 같 다

《소망 없는 불행》

페터 한트케의 소설 《소망 없는 불행》에는 아무런 희망이 없이 살
아가는 인물이 등장한다. 희망이 없다는 것이 얼마나 절망적인 삶
인지를 그녀를 통해 확인할 수 있다.

이 소설의 주인공인 작가는 어머니가 수면제를 먹고 자살한 후
7주가 지나서 그녀에 대한 글을 쓰기 시작한다.

어머니가 태어나던 1920년대는 농노 해방이 한참 전에 있었지만
실제로는 그 상태가 유지되던 때였다. 그래서 부자가 아닌 농민들
은 절약이 최선이었다. 특히 여자의 인생은 모든 것이 정해져 있었
고 그것을 벗어날 가능성은 없었다. 노동에 시달리고 보살핌을 받
지 못하고 정해진 대로 살다 죽어가는 것이 여자의 운명이었다.

어머니는 학교에서 영리하고 필체가 깨끗하다는 칭찬을 받았지

만 의무교육이 끝남과 동시에 필체 같은 것은 여자에게 필요한 것이 아니었기에 쓸모없는 경험이 되어버렸다. 그녀의 활기찬 성격은 관습에 복종하는 것보다 현실 너머의 가치에 대해 소망을 품게 했지만 아는 게 병이라는 말이 있듯이 그녀는 그래서 더 불행했다.

그녀는 은행원과 사랑에 빠져 임신했지만, 결혼은 다른 사람과 한다. 사랑 없는 결혼생활과 지독한 가난 속에서도 그녀는 가족을 위해 살아간다. 그녀는 불행했지만 현실에 적응하며 더 나아지기 위해 노력하여 시간이 지나면서 불행에 적응한다. 하지만 그녀의 내면은 점점 망가져간다. 그리고 어느 날 자살을 한다.

작가인 나는 어머니의 황폐한 정신세계에 대해 알지 못했다. 다만 어릴 적의 추억을 단편적으로 몇 개 갖고 있을 뿐이다.

어머니의 현실은 매우 고단했다. 남편은 술에 취하면 그녀에게 손찌검을 했다. 어머니가 침묵하면 생활비를 벌어들이는 것은 자신인데 말을 하지 않는다고 더욱 손찌검을 했다.

남편 모르게 아이 하나를 꼬챙이로 유산 시킨 적도 있다. 그녀는 작가인 주인공 외에 남편과의 사이에서 아이가 하나 더 있었고 세상에서 오직 두 아이만을 사랑했다.

너무 가난해서 일요일에 신는 신발은 주중에는 신지 않고 넣어놓고, 외출복은 집에 돌아오자마자 옷걸이에 걸어놓아야 했다.

그녀는 언제나 남편에게 맞추어 짜놓은 한 달 치 시간표대로 움직였다. 늘 30분 정도의 여유를 열망했으며 비 오는 날은 노동자인 남편의 임금이 지불되지 않았으므로 비 오는 날을 두려워하는 궁색

한 습관이 몸에 배어갔다.

겨울이 되어 건축 일이 없으면 실업보조금이 지불되었는데 남편은 그것으로 술을 마셨다. 그녀는 남편을 찾아 술집을 돌아다녔고 그럴 때 남편은 악의에 가득 찬 표정으로 그녀에게 남은 돈을 보여주었다. 남편에게 두들겨 맞지 않으려고 몸을 피했고 그와 말하지 않았으며 쳐다보지도 않았다. 얻어맞을 때마다 그녀는 남편을 속으로 비웃으며 맞았다.

그렇게 비참하게 살아도 남편을 떠나지 않았다. 그녀는 아이들이 클 때까지 기다리고 있었다. 세 번째 유산을 하고 또 임신을 했지만 더 이상 낙태를 할 수 없어서 아이를 또 낳았다.

그녀는 아무것도 되지 못했고 될 수도 없었다. 이런 모든 일은 그녀가 서른 살도 되기 전에 일어난 일들이다.

남편에게 사랑받지 못했으며 끊임없는 훈계를 받아 수치심은 그녀의 일부가 되었기 때문에 그녀는 다른 사랑조차 구하지 못했다. 그녀는 성이 없는 존재가 되었고 일상의 사소함 속에 자신을 묻어버렸다. 은행원과 함께한 시절을 회상하며 그것이 사랑에 대한 그녀의 이상이 되었다.

그녀는 섬세한 사람이라서 쉽게 상처를 입었다. 그런 마음을 감추려고 하지만 자존심이 강해 쉽게 굴욕감을 느껴 아주 사소한 일에도 무방비가 되어 속마음이 표정으로 드러났다.

그녀가 무지해서 생각조차 논리적으로 하지 못하는 여자였다면 차라리 덜 불행했을지도 모른다. 하지만 그녀는 꽤 똑똑했다. 책을 좋아했는데 책 속의 이야기를 자신의 삶의 여정과 비교할 수 있었다. 특별히 마음에 들었던 책에 대해서는 자녀들에게 설명을 해주었다. 그녀는 독서를 하면서 생기를 얻었다. 독서를 통해 처음으로 자신을 감싼 껍데기로부터 벗어났고 자기 자신에 대해 이야기하는 법을 배웠다.

이전까지는 자신이 존재한다는 것 자체도 싫어했지만 독서하고 토론하는 데 열중하면서 새로운 자의식을 갖게 되었다. 하지만 책에 나오는 내용을 과거의 이야기로 읽었을 뿐 미래를 향한 꿈으로 읽지는 못했다. 책 속에서 자기가 놓아버렸고 이제는 결코 만회할 수 없는 것들을 발견했다. 독서는 그녀에게 자신에 대해 생각하도록 가르쳐준 것이 아니라 그런 생각을 하기에는 이제 너무 늦었다는 것을 확인시켜주었다.

더 나이가 들어서는 관대해졌다. 남편이 변명을 늘어놓아도 놔두었고 오히려 연민을 느꼈으며 식구들 중 한 사람이 없으면 그의 고독한 모습만을 생각했다. 점점 이유 없는 자책감이 늘어서 추위, 배고픔, 주위의 비난까지도 모두 자신의 책임이라고 느껴 죄의식이 늘어갔다. 아들이 술을 마시고 사고를 치는 것도 자신의 탓이라고 생각했다.

취미도 없고 즐기는 것도 없었으며 공적인 교류도 없었다. 점점 심한 두통에 시달렸고 수면제를 먹어도 잠을 제대로 자지 못했다. 평소에는 물건을 잡으려다가도 무력하게 양손을 축 늘어뜨렸고 두통이 심해 점점 사람들을 알아보지 못했다. 신체의 균형을 잃어버

책으로 치유하는 시간

려 모서리에 부딪히고 계단에서 미끄러졌으며 낮은 소리로만 말하고 말도 제대로 못하는 모습으로 변해갔다. 그러나 의사는 병명을 알아내지 못했으며 그 원인도 정확히 알지 못했다.

그녀는 점점 텔레비전의 내용도 이해할 수 없게 되고 산보를 하면서는 자신을 잊곤 했다. 작가인 아들에게 이제는 아무것도 시작할 수 없으며 외로움이 뼛속까지 사무치지만 아무와도 이야기할 수 없다고 편지를 보냈다. 그리고 어느 날, 읍내에 나가 주치의로부터 장기 처방전을 받아 100알의 수면제를 샀다.

집에 와서 그녀는 장례식의 방법과 평화롭게 잠들게 된 것에 대한 편안함을 유서에 썼다. 그리고 수면제를 전부 먹고 잠옷을 입고 침대에 누워 양손을 가슴 위에 포개고 영원히 잠이 들었다.

그녀는 왜 남편으로부터 도망가지 않았을까? 나이를 더 먹었을 때는 자신을 위한 무언가를 찾을 수도 있었을 텐데 왜 과거의 상처에만 머물러 있었을까? 차라리 학대에 대한 보복을 하는 것이 마음속의 응어리를 푸는 방법이 아니었을까?

그러나 그녀의 삶을 들여다보면 그녀에게는 희망이란 것이 존재하지 않는다. 삶에 의욕이 없는 사람은 일상이 주는 소소한 기쁨들을 느끼지 못한다. 희망이 없다는 것은 곧 희망이 주는 모든 느낌을 알지 못하는 것이다. 그녀가 죽음을 선택한 이유는 희망이 주는 빛이 전혀 존재하지 않았기 때문일 것이다. 작은 희망이라도 찾을 수 있었다면 그녀는 죽지 않았을 것이다.

희망은 삶에서 매우 중요한 역할을 한다. 그 내용보다 그것을 갖고 있다는 것이 중요하다. 큰 것보다 금방 찾을 수 있는 작은 희망을 많이 그리고 자주 갖는 편이 좋다. 너무 크고 멀리 있는 것은 막연하고 추상적이다. 그런 것을 찾다보면 오히려 좌절할 수 있다.

'블루버드신드롬(파랑새증후군)'은 벨기에의 극작가 모리스 마테를링크의 희곡 〈파랑새〉에서 유래했다. 가난한 가정의 남매 틸틸과 미틸에게 베를리운느라는 요술할머니가 와서 파랑새를 찾아달라고 부탁한다. 남매는 파랑새를 찾아 떠났지만 결국 찾지 못하고 돌아온다. 이들은 여행 중에 몇 차례 파랑새를 찾긴 했지만 그게 파랑새가 아니었거나 죽거나 날아가 버렸다. 1년 후 집에 돌아오니 새장 안에 있던 새가 파랗게 되어 있는 것을 본다. 남매가 만지려하자 파랑새는 멀리 날아가 버린다.

'파랑새증후군'은 현실에 충실하기보다 미래의 추상적인 것을 쫓는 것을 말한다. 하지만 우리가 발붙이고 있는 것은 현실이다. 미래를 위한 준비는 현실에서 해야 하기 때문에 현실에서 최선을 다하는 것이 결국은 미래를 위한 길이다.

틸틸과 미틸에게 할머니가 찾아온 시점은 가난한 부모가 이번 크리스마스에는 산타가 오지 않을 것이라고 말해서 남매가 실망하고 있을 때였다. 남매는 건넛집에서 부잣집아이들이 파티하는 모습을 부러워하고 할머니는 이 오두막이 저 집 못지않게 멋지다고 말해준다. 그러나 대부분의 사람이 이런 위로를 믿지 않는다. 믿지 않는 이유는 내 것을 보지 않기 때문이다. 내 것 속에 진실과 희망이 분명히 있지만 그것을 보지 않으면 소용이 없다.

큰 희망을 갖는 것은 삶에서 바람직하다. 언젠가는 그것에 도달하기 위해서 노력하기 때문이다. 하지만 모든 시간을 그것만 보고 간다면 얼마나 힘들겠는가. 그래서 금방 이룰 수 있는 작은 목표들이 필요하다. 작업을 끝내고 나서 다음 날 하루는 완전히 쉬는 스케줄, 예매해 놓은 콘서트, 개봉하기를 오매불망 기다리고 있는 영화, 주말에 만날 좋아하는 사람들, 며칠 후 생일에 받을 축하와 선물들, 저녁에 먹을 맛있는 음식, 이런 것들이 작은 목표이자 희망이 될 수 있다.

작은 희망이 많을수록 삶은 풍요로워진다. 작은 것을 하나씩 성취하면서 큰 희망으로 가는 길은 힘들지 않다. 희망은 우리가 상처에 매몰되지 않고 살아가도록 이끌어주는 등대와도 같다.

절망적인 상황에서는 희망을 찾을 수 없다. 희망이 없기 때문에 절망하고 있는 것이다. 만약 지금 희망을 갖고 있지 않다면 너무 거창한 것을 찾느라 그럴 수 있다. 희망은 추상적인 단어지만 우리 삶에서 확실한 것으로 바꿔야 한다. 물건이나 계획 등이 희망의 구체적 대상이다. 작은 희망이 많을수록 삶은 풍요로워진다.

CHAPTER 16

자신만 사랑하는 자
VS
자신을 사랑하지 않는 자

우리는 자기 자신을 얼마나 알고 있을까?

나의 성격이나 취미를 말하는 것이라면 금방 답할 수 있다. 그러나 나라는 사람은 단순히 그런 것으로만 구성되는 것이 아니라 행동방식, 대화방식 등 좀 더 구체적인 것들이 모여 복합적으로 구성된다. 우리는 상황에 따라 행동을 달리하게 되고 또 환경에 따라 변하기 때문에 자기 자신도 내가 이런 사람이라고 규정짓기는 쉽지 않을 것이다. 더욱이 자신의 마음은 자신도 모를 때가 많고 마음대로 안 되기 때문이다.

게다가 우리는 자신이 잘 인지하지 못하는 습성을 갖고 있다. 나는 절대 그런 사람이 아니라고 생각하지만 남들이 보기에는 그런 사람일 때가 있다. 나도 잘 인지하지 못하는 일로 비난을 받으면 분노가 일고 그 분노의 화살은 남들을 향하게 된다. 그래서 우리는 종종 자신을 돌아봐야 한다. 멀찌감치 떨어져 자신을 객관적으로 관조해보면 잘 보이지 않던 나의 모습이 보이게 된다.

'조하리의 창'은 자신의 모습에 대한 조셉 루프트와 해리 잉 햄이 주장한 이론이다. 사람의 마음에는 4개의 창문이 있는데 그 창문을 통해 그 사람의 모습을 볼 수 있다.

첫 번째 창은 나도 알고 남도 아는 나의 모습으로 열린 자아(Open self),

두 번째 창은 나는 알지만 남은 모르는 나의 모습으로 감추어진 자아(Hidden self),

세 번째 창은 나는 모르는데 남은 아는 나의 모습으로 눈먼 자아

(Blind self),

네 번째 창은 나도 모르고 남도 모르는 나의 모습으로 알 수 없는 자아(Unknown self)다.

물론 첫 번째 창이 가장 긍정적이고 상처에 대한 면역력이 강하다. 오해의 소지가 없으며 오픈된 자아는 다른 사람들의 모습을 수용할 수 있다.

감추어진 자아를 갖고 있을 때는 남들의 배려가 필요하다. 나만 알고 있기 때문에 누가 조금만 건드려도 화를 낸다. 이것은 상처에 상당히 많이 노출되어 있는 모습이다.

눈먼 자아는 남들이 많이 건드려줘야 한다. 이것도 상처에 노출되어 있을 수 있으나 감추어진 자아보다는 덜 하다. 부딪히고 깨질수록 괜찮아질 수 있기 때문이다.

알 수 없는 자아는 말 그대로 알 수 없어서 건드리지 않는 편이 좋다. 어떤 모습이 갑자기 드러날지 알 수 없기 때문이다.

우리는 한 가지 창만 갖고 있는 것은 아니다. 어떤 사실에 대해서 보이는 자아가 다르다. 특히 우리는 두 번째와 세 번째의 모습을 꽤 갖고 있다.

보이고 싶지 않은 것이 있을 때는 감추어진 자아의 현상을 띤다. 감추고 싶기에 남에게 보이지 않으려고 단단히 숨기는 것이다. 취약한 부분이 있을 때 대부분 이런 모습을 갖고 있을 것이다. 이것은 스스로 만들어낸 의도적인 모습이어서 더 민감할 수밖에 없다.

세 번째 창은 나를 다른 사람들이 오해하고 있는 것일 수도 있고 그동안 나를 파악하지 못했기 때문에 보이는 모습이다. 또 사람들의 의도를 내가 알아차리지 못했을 때도 눈먼 창의 모습이 될 수 있다.

이 창문들은 내가 갖고 있는 성향과 그것이 타인을 대하는 태도에서 나타나는 것이다.

이렇게 우리가 타인을 대하는 태도는 자아와 연결되어 있고 나의 성향이 그것을 좌우한다. 어떤 성향을 갖고 있는가는 옳고 그름의 문제가 아니다. 어떻게 사람들을 대하고 그들을 이해하는가, 또 그들과의 관계에서 나는 보편적 진리를 실행하기 위해 얼마나 노력하고 있는가가 중요하다. 그것을 하지 않으면 이기적인 사람이 된다. 여기서의 이기적인 사람의 정의는 자신만을 위하는 사람이 아니라, 자신만을 생각하느라 남의 행복을 상관하지 않고 해를 끼치는 사람을 말한다.

이기적인 사람은 자신만 본 채 주변 사람들을 상관하지 않는다. 내가 세상의 중심이고 나를 통해 모든 것이 이루어진다고 생각한다. 그렇게 되면 나의 모든 행동은 정당하고 다른 사람들에게도 이해받아야 하며 틀렸을 때는 남들 탓으로 돌린다. 그래서 관계에서 타협점을 찾을 수 없게 된다.

자 신 만 을 　 보 는 　 이 기 심 은

결 국 　 자 신 에 게

대 가 를 　 가 져 온 다

《다섯째 아이》

도리스 레싱의 소설 《다섯째 아이》에는 자신만 보고 있는 남녀가 등장한다. 이들은 자신들의 행복이 최우선이기에 다른 사람들의 입장과 삶은 안중에 없다. 그러나 그것은 결국 화근이 되어 자신들에게 돌아온다는 교훈을 우리에게 보여준다.

데이비드와 해리엇은 직장파티에서 만나 첫눈에 반해 결혼한다. 이들은 보수적인 성향으로 서로 잘 맞았고 결혼 후의 계획도 일치했다. 아이를 여섯 명을 낳아 빅토리아풍의 큰 집에서 마음껏 뛰놀게 하고, 흩어져 있는 친척들을 자주 초대해 화목하게 지내는 계획이었다. 두 사람은 그들이 상상했던 큰 집을 발견한다. 그들의 재정 상태로는 빚을 내야 했지만, 그들은 그런 집을 찾아낸 행운을 놓치고 싶어 하지 않았다.

데이비드는 아버지 제임스에게 도움을 청했고, 이혼으로 아들 데이비드에게 미안한 마음이 있던 아버지는 기꺼이 집을 사도록 도움을 준다.

데이비드의 부모님은 이혼한 후 각자 재혼했다. 해리엇의 엄마 도로시는 과부로 혼자 살고 있다. 원하던 집을 마련한 데이비드와 해리엇은 결혼을 한다. 그들은 데이비드의 부모와 그들의 재혼상대들, 혼자 살고 있는 해리엇의 엄마, 사촌들을 자주 집으로 초대한다. 그리고 계획한 대로 아이를 연이어 출산한다.

임신과 출산은 순조로웠다. 네 번째 아이를 낳고 얼마 지나지 않아 다섯 번째 아이를 또 임신한다. 임신 기간 동안 해리엇은 전과는 다른 격렬한 태동으로 고통스러워한다. 밤이면 고통은 더 심해지고 거의 뜬눈으로 밤을 지새우며 8개월 만에 조산을 하게 된다.

다섯 번째 아이 벤은 몸집이 크고 힘이 세며 난폭하다. 아기임에도 행동이 무자비해서 벤을 감당할 수 있는 사람이 없다. 세 살이 지나면서 벤의 몸집은 또래 아이들보다 훨씬 크고, 난폭함은 도를 넘어 주변 사람들의 생명까지 위협할 정도가 된다.

결국 식구들은 벤을 감당하지 못해서 정신병원에 보냈으나 해리엇은 학대받는 아들이 가여워 의논 없이 집으로 데리고 온다. 그 이후로 벤은 가족들에게 위해를 가하고 가정은 초토화된다.

네 명의 자녀는 뿔뿔이 흩어지고 부부 사이엔 애증이 쌓인다. 양가 부모들은 경제적, 육체적 뒷받침에 지쳐간다. 청소년기에 들어선 벤은 난폭한 친구들과 사귀고 범죄를 일삼는다. 벤을 피해 모두

책으로 치유하는 시간

떠나버린 집에는 해리엇과 벤, 둘만 남아서 산다. 이 모자는 떼려야 뗄 수 없는 운명적 관계이자 가장 증오하는 타인이 되어버린 채 소설은 끝이 난다.

데이비드와 해리엇은 같은 성향을 가지고 있었기 때문에 만나자마자 마음이 통했고 서로에게 최적의 상대였다. 아이를 여섯 명 낳기로 하고 돈이 없으면서도 거대한 저택의 구입을 결정하는 것에도 이견이 없었고, 친척들을 자주 불러들여 화목한 환경을 만들자는 데도 의기투합했다. 거듭되는 임신과 출산, 양육은 주변 사람들에게 점점 적지 않은 부담을 주고 있었지만 그것에 개의치 않는 것도 둘은 이견이 없었다. 계속되는 임신으로 이 부부에게 도움을 주고 있는 양쪽의 가족들은 불만을 갖고 있었지만 부부는 상관하지 않았고 미안한 마음도 갖지 않는다. 오로지 뱃속의 태동을 느끼며 한 아이를 더 갖게 된다는 것에만 가치를 두었다.

데이비드의 아버지 제임스는 그들이 지불할 수 없는 커다란 집을 구매할 때 기꺼이 돈을 내주었고, 아이가 많아지고 잦은 손님 초대로 비용이 많이 들자 계속해서 지갑을 열어야 했다. 또 해리엇의 엄마 도로시는 아예 집을 옮겨 와서 이들의 살림과 양육을 맡아서 해주느라 지쳐간다. 게다가 아이들을 기숙학교에 보내게 되었을 때는 제임스에게 경제적인 부분을 거의 의존한다.

이 부부는 사람들의 입장은 전혀 상관하지 않고 계속 임신을 하고 출산을 하면서 그 선택으로 인한 결과는 돌아보지 않았다. 오히려 자신들을 이해하지 못하는 친척들을 원망한다. 그러나 이들의 계획은 다섯 번째 아이의 임신으로 인해 서서히 균열이 가기 시작한다. 또한 다른 네 자녀도 피해를 입게 된다.

루크, 헬렌, 제인, 폴은 벤의 탄생과 더불어 공포 속에 휩싸인다. 그중에서도 넷째 아이 폴은 가장 많은 피해를 본다. 누나와 형들이 벤을 피해 다른 곳으로 간 후에도 마지막까지 남아서 공포를 느껴야 했다. 폴은 착하고 순한 아기였으나 점점 신경질적이고 냉소적으로 변하고 먹지 않아서 몸이 말라간다.

결국 아이들은 다 흩어지게 된다. 루크는 할아버지 제임스에게, 헬렌은 할머니 몰리부부에게, 제인은 외할머니 도로시에게 보내진다. 폴과 벤만 남아 있는 집에서 벤은 늘 폴을 향해 공격성을 드러내고 죽이려는 시도를 한다.

벤을 요양소에 보내고서야 집은 평화를 되찾은 듯했지만 해리엇은 어느 날 몰래 가본 요양소에서 처참한 광경을 목격하고 데이비드와 의논 없이 벤을 데리고 온다. 이 일을 두고 데이비드와 해리엇은 심하게 다투고 그 이후로 둘은 애정을 회복하지 못한다. 벤을 데려옴으로써 깨진 가정의 평화는 이제 부부를 완전히 반대편에 서게 한다.

결국에는 데이비드와 폴마저 떠나버리고 집에는 해리엇과 벤만 남는다. 그들의 집은 이제 아무도 오지 않는 흉가가 되어버렸다. 해리엇은 벤에게 잠자리를 제공하고 음식을 주는 사람일 뿐 존재감이 전혀 없다. 해리엇은 벤을 두려워하고 벤은 해리엇을 비웃으며 비슷한 무리와 어울려 방화와 살인까지 저지르는 범죄자가 된다. 벤

책으로 치유하는 시간

은 같이 어울려 다니는 무리들과 다른 도시로 옮겨 그곳에서 한바탕 신나게 살아볼 계획까지 세운다.

데이비드와 해리엇의 원래 의도는 화목한 대가족을 이루어보자는 좋은 계획이었다. 그러나 좋은 면만 보았기 때문에 실패했다. 자신들의 좋은 계획에 이의를 다는 사람들을 이해하지 못했고 자신들이 힘들 때는 주위 사람들에게 부탁하는 것을 당연하게 여겼다. 이들은 대가를 치르지 않고 이루는 것에만 집착했다. 세상에 공짜가 없듯 대가를 치르지 않는 행복은 없다. 다섯 번째 아이는 바로 자신들의 행복만을 생각한 이기적인 행동에 대한 단죄다.

우리는 원하는 행복을 갖기 위해 대가를 모두 치렀을까. 혹시라도 나의 행복에 희생된 사람이 있는가를 살펴보도록 하자. 자신을 진정 사랑하는 방법은 남들의 행복에도 관심을 갖는 것까지 포함해야 한다.

나를 사랑하는 것과 나만을 사랑하는 것은 다르다. 나를 사랑하는 것은 포괄적이어서 다른 사람도 나처럼 사랑하는 것이고, 나만 사랑하는 것은 다른 사람은 상관하지 않는 것이다. 가끔은 자기애의 균형을 잡아 줄 객관적이고 냉정한 시각이 필요하다.

자신을 냉정하게 객관적으로 바라보는 것과 혹독하게 다루는 것은 다르다. 냉정하게 객관적으로 본다는 것은 옳은 길을 가기 위한 현명함이다. 그러나 혹독하게 다루는 것은 날 전혀 돌보지 않는 것이다. 그 이유는 나 자신을 사랑하지 않기 때문이다.

자	신	을		보	지		않	는		것	은
곧		자	신	에		대	한		사	랑	을
			거	부	하	는		것	이	다	

《먼 그대》

서영은의 소설 《먼 그대》에는 자신을 사랑하지 않으며 그냥 방치하는 인물이 등장한다. 그녀의 이름은 문자다. 그녀는 가학적일 정도로 자신에게 혹독하다.

문자는 아동도서를 다루는 출판사에 다닌다. 그녀가 이곳에 다닌 지는 10년이 넘었다. 문자는 출근하여 퇴근할 때까지 쉬지 않고 열심히 일한다. 화장기 없는 얼굴에 머리와 의상은 언제나 변함이 없다. 옷과 신발은 너무 낡아서 당장 버려야 할 정도다.

그녀가 들고 다니는 가방의 지퍼를 열면 시큼한 김치 냄새가 풍긴다. 도시락을 싸갖고 다니기 때문이다. 점심시간이 되면 다들 무엇을 먹을까 기대하며 즐겁게 사무실을 나서지만 문자는 혼자 남아서 도시락을 먹는다.

책으로 치유하는 시간

직장에서는 아무도 그녀를 상관하지 않는다. 제자리에서 묵묵히 일하는 그녀에게 불만을 가질 이유도 없고, 그녀가 불만이 있어 다른 회사로 갈 만한 주변머리도 전혀 없어 보이기 때문이다. 사무실의 젊은 여직원들은 문자를 보면 몸서리를 친다. 나이가 들어 자신이 문자처럼 될까봐 두렵기 때문이다.

문자에게는 한수라는 남자가 있다. 한수는 유부남인데 아무 때나 연락도 없이 문자의 집에 불쑥 와서 자고 간다. 그는 국회의원을 따라다니며 보좌관 일을 하는데 상관이 잘되면 괜찮은 시절을 보내고, 상관이 당선되지 않으면 실업자 신세다.

한수는 문자에게 아무것도 주지 않는다. 돈을 잘 벌 때도 문자가 받는 것에 습관을 들일까봐 두려워 주지 않았다. 오히려 그가 돈을 빌려갈 때가 더 많다. 문자는 한수가 돈 이야기를 하면 아무 말 없이 어떻게든 돈을 마련해준다. 그렇다고 문자가 돈이 많은 것은 절대 아니다. 그녀는 단칸방에서 피나는 절약을 하며 산다.

한수의 부인은 문자의 존재를 알고 남편을 유혹한 여자를 혼내려고 달려온다. 그러나 초라한 살림살이를 보고 남편이 아무것도 해준 것이 없음을 알아차린다. 그래서 별 볼 일 없어 보이는 문자를 대놓고 무시하기로 한다.

문자는 이미 아이도 낳았다. 출산 후 한 달이 지나지 않아 한수는 문자를 계속 이용해먹으려고 아이를 데리고 가버렸다. 문자는 눈물 한 방울 흘리지 않고 아이를 그의 집으로 보냈다. 그 후 사랑하는 마음은 있으나 아이에 대해 묻지도 않고 그리움을 드러내지도 않는다.

그녀의 삶은 계속 이렇게 흘러간다. 직장에서는 누구와도 교류하지 않고 오로지 일만 하고, 예고 없이 찾아오는 한수를 위해 장을 봐서 상을 차려주고, 그가 가면 언제 올 거냐고 묻지도 않으면서 살아간다.

그녀는 겉으로 보기에는 매우 소극적이고 수동적으로 사는 것처럼 보이지만, 자신에게는 단호하다. 그녀는 자신을 강하게 몰아붙이며 이 고난을 견뎌내면 이기는 거라고 생각한다. 또한 한수가 아무리 상처를 주어도 받아들이고 더 큰 사랑으로 극복해야 한다고 생각한다.

그녀는 독한 사람이다. 그런데 문제는 그 독함이 타인에게 강단 있는 모습으로 보이는 것이 아니라 자신에게만 냉혹할 뿐이라는 점이다.

또한 문자는 지극히 검소하고 건전하다. 하지만 남에게 혐오감을 줄 정도의 궁상맞음이라면 여자로서의 삶을 포기한 것이나 마찬가지다. 더욱이 자신을 이용만 하는 남자에게는 아낌없이 돈을 쓰면서 자신에게는 수전노처럼 군다면 돈을 버는 목적부터 잘못된 것이다.

자신을 가꾸지 않고 자기 것을 챙기지 않는 문자를 한수는 점점 막 대한다. 그녀를 존중하지도 않고 배려할 필요성조차 느끼지 않는다. 한수가 문자를 사랑하지 않는 것은 문자가 자기 자신을 사랑하지 않기 때문에 당연한 결과인지도 모른다. 내가 나를 사랑하지 않으면 남도 나를 사랑하지 않는다.

집에서 사랑받는 아이가 밖에서도 사랑받는 이유는 바로 그런 이치다. 사랑을 받아보지 못한 사람은 다른 사람의 사랑을 의심한다. 경험이 없어서 모르기 때문이다. 그래서 사랑을 순수하게 받아들이지 못한다.

문자는 자신을 보지 않는다. 현재 무엇을 하고 있는지만 볼 뿐 전체적인 인생에 대해 냉정하게 보지 않는다.

자신을 보고 있지 않을 때, 자신을 과한 기준에 올려놓고 그렇게 살기를 강요할 때, 자신을 사랑하는 방법을 몰라서 스스로에게 혹독할 때 우리는 행복하지 않다. 만약 지금 행복하지 않다면 내가 왜 그런가를 돌아봐야 한다.

오직 내 자신만 바라보는 이기심도, 반대로 내 자신은 전혀 보지 않고 타인만을 바라보는 것도 자신의 행복을 위해 바람직하지 않다. 나 자신을 객관적으로 바라보면서도 나 자신을 진정으로 사랑하는 균형감은 삶에서 반드시 필요하다.

자신만을 보고 있는 것은 자신을 사랑하는 것이 아니다. 그것은 지독한 이기주의일 뿐이다. 자신을 제대로 사랑할 줄 알아야 남도 사랑할 수 있다. 자신을 용서하고, 자신에게 관대하고, 옥죄지 않는 것은 자신이 소중하기 때문이다. 그래서 사랑의 연습은 자신에게서 시작하면 된다. 사랑하는 방법을 아는 나를 남들도 사랑하게 될 것이다.

CHAPTER 17

자기 자신을 믿는다는 것

우리는 자신을 믿어야 하지만 그것처럼 쉽고도 어려운 것이 없다. 하루에도 수십 번 찾아드는 자신과의 갈등은 타인과의 갈등만큼이나 괴롭다.

피그말리온 효과라는 것이 있는데 자신에게 부여된 기대치에 부응하려는 경향을 말한다. 그리스 신화에 나오는 조각가 피그말리온은 자신이 만든 여인 조각상의 아름다움에 넋을 잃는다. 그리고 조각상에 갈라테이아라는 이름을 붙여주고 생명 없는 여인과 사랑에 빠진다. 그 깊은 사랑에 감동한 여신 아프로디테는 조각상에 생명을 불어넣어 사람으로 만들어준다. 피그말리온은 이제 여자 갈라테이아와 사랑하게 된다. 긍정적인 기대는 좋은 결과를 가져오며 사람들의 기대감으로 인해 더 훌륭한 행동을 하게 된다. 다만 기대감에 부응하지 못하면 좌절감을 겪고 상처를 받을 수 있다.

이것과 반대되는 개념으로 스티그마 효과가 있다. 사람들에게 부정적인 낙인이 찍히면 점점 나쁜 쪽으로 변해가는 것을 말한다.

이런 현상들은 주변의 영향에 민감하기 때문에 생긴다. 자신의 의지로만 살 수 없는 대부분의 사람들은 이런 심리적 현상에서 자유롭지 못하다.

괴테는 자신의 모든 작품 속에서 세상이 당신이 원하는 삶을 허용하지 않을 때 어떻게 하겠는가라는 질문을 던졌다. 그리고 여러 유형의 주인공들을 통해 그 답을 찾도록 했다.

《젊은 베르테르의 슬픔》에서 베르테르는 타협하지 않았다. 내가 원하는 사랑이 아니라면 차라리 세상을 포기하겠다고 하며 죽었다.

책으로 치유하는 시간

《빌헬름 마이스터의 수업시대》에서 빌헬름은 타협한다. 그는 세상에 적응을 잘했고 주변과 조화를 이룬다. 사랑을 잃었지만 다른 사랑을 찾았고, 연극에 매료되어 햄릿을 공연했지만 자신과 맞지 않음을 깨닫고 뜨겁던 열정을 접는다.

〈파우스트〉의 주인공 파우스트는 외부의 어떤 목소리에도 상관하지 않는다. 타협이나 비타협은 그의 계획에는 아예 존재하지 않는다. 파우스트는 자신에 대한 확고한 믿음을 갖고 온 세상을 돌아다니며 삶의 의미를 추구했다. 그는 자기 확신에 찬 인물이다. 부지런한 자에게 세상은 침묵하지 않으니 열심히 살면 된다는 확신을 갖고 있다. 그러나 파우스트의 열정은 너무 뜨겁고 과해서 돌아볼 필요가 있다. 과도한 열정은 주위 사람들을 상처받게 하고 희생당하게 할 수 있기 때문이다.

자기 확신의 명과 암

〈파우스트〉

괴테의 희곡 〈파우스트〉는 자신을 너무도 확실하게 믿는 파우스트의 이야기다.

파우스트는 똑똑하고 냉철한 학자다. 그러나 세상의 근본을 떠받치고 있는 것이 무엇인지 알 수 없어 학자로서의 한계를 느끼고 좌절해 자살하려 한다. 그때 나타난 악마 메피스토펠레스는 파우스트에게 거래를 제안한다. 거래의 내용은 자신과 같이 세상을 경험하고 즐기는 동안 자신이 파우스트의 시중을 들 것이지만, 파우스트가 세속적 아름다움에 빠지고 한가한 만족감에 빠진다면 저승에 가서 악마의 시중을 들게 된다는 것이다. 그들은 계약대로 함께 세상을 다니며 갖가지 경험을 한다. 파우스트는 사랑도 하고 예술에도 눈을 돌리지만 공허함을 느낀다. 그리고 거대한 간척사업을 시

책으로 치유하는 시간

작한다. 늙고 눈이 멀어 장님이 된 파우스트는 죽고 메피스토펠레스가 승리를 확인하는 순간 천사들이 내려와 파우스트의 영혼을 안고 하늘로 올라간다. 결국 그가 이긴 것이다.

파우스트의 자신감은 그가 학자로서의 좌절감을 고백하는 장면에서부터 드러난다.

"나는 철학도, 법학도, 의학도, 그리고 어쩌다가 신학도 철저히 연구했다. 그러나 나는 가엾은 바보구나. 그렇다고 전보다 영리해진 것은 아니다. 하지만 나는 박사니 석사니 작가니 목사니 하는 그런 따위 모든 바보들보다는 제법 영리하다. 나는 의혹이나 회의로 괴로워하지는 않는다. 지옥이나 악마도 두렵지 않다."

모든 공부를 했지만 책 속에서는 세상의 본질을 알 수 없음에 절망하고 있는 파우스트는 기본적으로 발전적인 인물이다. 그래서 악마인 메피스토펠레스가 그에게 접근한 것은 쉽게 유혹에 빠지지 않을 듯한 그를 유혹에 넘어가게 하겠다는 오기가 포함된 것이었다.

우리는 좌절의 시간에 유혹을 받으면 대개 유혹에 넘어간다. 마음이 많이 약해져 있기에 무엇에라도 기대고 싶기 때문이다. 하지만 파우스트는 보통의 편안함과 향락에 관심이 없는 인물이다. 그것을 아는 메피스토펠레스는 너에게 뭘 해주겠다는 식의 유혹은 접고 함께 세상을 경험하자고 한다. 파우스트는 계약을 맺으며 이렇게 말한다. 그가 얼마나 자신을 믿고 있는지를 알 수 있다.

"어느 때, 내가 한가하게 안락의자에라도 눕게 되는 날에는 그만 나는 끝장을 보는 걸세. 만일 자네가 감언이설로 나를 흐뭇하게 해주거나 향락으로 나를 속일 수 있게 되면 그것은 나의 마지막일세. 내가 어느 순간을 보고 멈추어라, 너는 정말 아름답구나 라고 말한다면 나는 기꺼이 망함을 인정하겠네."

그러나 파우스트는 멈추지 않는다. 그는 사랑도 한다. 평범한 처녀 그레트헨은 파우스트와 어울리지 않는 여자처럼 보이지만 파우스트의 끈질긴 구애에 넘어가 사랑에 빠진다. 그러나 사랑의 대가는 참혹해서 어머니와 오빠를 죽게 만들고 파우스트와의 사이에서 태어난 아이마저 죽는다. 그들의 사랑은 처음부터 무리였다. 가정에 정착할 수 없는 파우스트를 사랑한 그레트헨은 비극적 운명을 피할 수 없어 보인다.

그녀는 파우스트와 대조적인 인물로 소극적이고 연약해서 선량함을 최선으로 생각한다. 이런 사람은 자아가 강한 사람을 만나면 상처를 받을 수밖에 없다.

파우스트는 메피스토펠레스와 세상을 돌아다니며 경험을 쌓는다. 그리고 드디어 여행자와도 같은 구경꾼에서 벗어나 새로운 세상을 만드는 현장에 진입한다. 그의 풍부한 지식과 메피스토펠레스와 쌓은 실제적 경험은 그를 더 강하게 변화시킨다.

"나는 오로지 이 세상을 달려서 빠져나왔다. 온갖 향락의 머리를 긁어쥐고 만족을 주지 못하는 것은 놓아주고, 새나가는 자는 가는 대로 내버려 두었다. 오로지 나는 갈망하고, 완성하고, 끈덕지게 나의 일생을 활기 있게 살아왔다. 처음에는 너무 지나치게 강했지만 지금은 현명하고 신중해졌다.

높은 데 서서 주위를 둘러보아라. 유능한 자에 대해 세상은 침묵하지 않는다."

그는 대규모 간척사업을 벌인다. 수백만 명에게 일자리를 주고 삶의 터전을 갖게 하려는 계획이었지만 무리한 추진으로 피해자가 속출한다. 이제 파우스트는 건강이 나빠진다. 일에 매진하느라 무리해서 눈이 점차 보이지 않게 되다가 실명하지만 그럼에도 자신을 믿는다.

"밤이 점점 깊이 다가오는 것 같구나. 그러나 마음속에는 밝은 빛이 빛나고 있다. 하인들이여, 잠자리에서 일어나 도구를 손에 들고 지시한 것을 완수하여라. 최대사업이 완성되려면 천 개의 손을 쓸 줄 아는 정신 하나면 충분하다."

결국 파우스트는 간척사업 현장에서 죽는다. 파우스트의 죽음 앞에서 악마 메피스토펠레스는 이렇게 말한다.

"어떤 쾌락에도 그는 권태를 모르고, 어떤 행복이라도 그에게 만족을 주지 못했다. 그리하여 그는 변화하기 위해 계속 찾아 헤맸다. 텅 비고 하찮은 마지막 순간을 이 가엾은 사나이는 한사코 붙잡으려고 한다. 어지간히 끈덕지게 그는 나에게 거슬렸지만 흐르는 세월을 이기지 못하고, 이 노인은 모래밭에 누워 있다."

경쟁사회에 살고 있는 우리는 파우스트처럼 살고 있다. 열심히 일하고 끊임없이 계획을 세우며 혹시라도 뒤처질까 두려워 쉬지 못한다. 나태한 자신을 용납할 수 없고 더 올라가고 싶어 애를 쓴다. 그러나 파우스트처럼 사는 것에는 문제가 있다. 파우스트는 거침없이 세상을 향해 내달렸지만 그레트헨이라는 희생자를 만들었고, 간척사업으로 인해 수많은 사람을 죽음으로 내몰았다. 바로 위험한 열정의 결과다.

우리는 열정에 휩싸여 있을 때 나중의 결과가 잘될 것만 생각한 채 앞뒤 가리지 않고 내달리게 된다. 그리고 남의 입장은 돌아보지 않는다. 그러나 일이 잘 풀리지 않고 자신이 실패자가 되면 그제야 자신은 물론 남을 돌아보게 된다.

그레트헨의 고백은 그런 우리의 모습을 대변하고 있다.

"전에 불쌍한 여자가 잘못하면 나도 얼마나 흉을 보았던가. 남들이 저지른 죄를 욕할 때엔 나도 어지간히 수다스러웠어. 남이 한 짓은 검게 보이지. 그것에 더욱 검은 칠을 하려고 했어. 그리고는 자기를 스스로 축복하고 잘난 체했지. 지금은 나도 죄를 범하고 있지만 아, 그래도 그이와 함께라면 그처럼 좋았고 아름다웠다."

감옥에 갇힌 그녀를 찾아와 도망칠 것을 권하는 파우스트의 청을 그녀는 거절한다. 지나온 삶을 돌아보며 죽음을 기꺼이 받아들이겠다는 그녀의 고고함은 창조적 열정에 휩싸여 앞만 보고 달리는 파우스트와 대조적이다.

우리가 자신을 돌아보아야 할 최적기는 일이 잘 풀려 성공가도를 달리고 있거나 실패를 모르고 열정에 휩싸여 있을 때다. 세상사는 오르막이 있으면 반드시 내리막이 있다,

자신을 돌아보지 않은 채 맞닥뜨리는 내리막은 감당하기 힘들다. 우리는 파우스트가 아니라서 빛나는 열정의 이면에 실패의 두

책으로 치유하는 시간

려움을 갖고 있다. 그럼에도 때로 뒷일을 생각지 않고 내달리고 싶은 순간이 있다. 자신감이 없는 것보다는 있는 것이 훨씬 바람직하다. 그러나 자신감이 충만해서 그 열정으로 무엇을 시작했다면 한편으로 내리막이 되었을 때를 대비해야 한다. 그것은 과속의 순간에 브레이크가 되어줄 수 있기 때문이다.

자신에 대한 믿음은
내일을 살아가는
희망이 된다

《바람과 함께 사라지다》

마거릿 미첼의 소설 《바람과 함께 사라지다》에는 투철한 목적의식으로 자신을 무장한 한 여인이 있다. 마치 여자 파우스트라고 할 정도로 열정이 넘치는 인물이다.

때는 남북 전쟁이 곧 시작되는 1861년 무렵이다.

스칼렛 오하라는 미국 남부 조지아주 클레이턴 카운티에 살고 있다. 그녀는 아름다운 외모와 거침없는 성격을 갖고 있다. 그녀의 아버지는 타라 농장을 갖고 있는 대농장주로 스칼렛은 아버지의 성격을 그대로 닮았다. 어머니는 고상하고 품위 있으며 어려운 사람들을 헌신적으로 돕는다. 스칼렛은 어머니와 같은 여성이 되고 싶었으나 타고난 기질 때문에 주어진 여건 속에서 조용히 품위를 지키면서 살지 못한다.

책으로 치유하는 시간

그녀는 세 번의 결혼을 한다. 첫 번째는 그녀가 사랑하는 애슐리가 멜라니와 결혼하는 것을 알고 평소 자신을 좋아하던 찰스와 홧김에 해버린 것이다. 찰스는 참전을 앞두고 결혼 6주일 후 병으로 죽는다.

두 번째 결혼은 필요에 의한 것이었다. 남북 전쟁으로 폐허가 된 타라 농장을 일으키려고 안간힘을 쓰던 때여서 그녀는 돈이 필요했다. 그녀에게는 체면이나 양심보다 농장이 중요했으므로 여동생의 약혼자였던 프랭크에게 눈독을 들인다. 프랭크는 착실하고 순진한 남자로 돈을 꾸준히 모으고 있었다. 스칼렛에게 여동생이 느낄 배신감이나 사람들의 비난은 중요하지 않았다. 결혼 후 프랭크와의 사이에 아들을 낳았고, 목재상을 운영하며 타라 농장도 지키고 그녀가 좋아하는 돈도 벌게 된다. 하지만 프랭크는 스칼렛과 남부 백인 남자의 자존심을 지키다가 죽고 만다.

세 번째는 그녀를 좋아하고 위기 때마다 도와주었던 레트 버틀러와 결혼한다. 레트는 남북 전쟁 때 밀수로 부자가 된 대단한 재산가로 호탕하고 매력적인 남자다. 그는 전쟁 전 타라 농장에서 만난 스칼렛의 활달하고 거침없는 성격을 높이 평가하고 그때부터 사랑하고 있었다.

스칼렛은 딸 보니를 낳고 이제 돈 걱정을 안 해도 되지만 만족하지 못한다. 그리고 아직도 첫사랑인 애슐리에 대한 관심을 버리지 않는다.

스칼렛을 진심으로 사랑하는 레트는 그녀가 자신이 주는 사랑을 외면하고 애슐리만 바라보고 있는 것에 분노하고 지친다. 더욱이 그들은 딸 보니를 사고로 잃는다. 얼마 후 그들의 오랜 지인이자 애슐리의 아내 멜라니도 병으로 죽는다.

애슐리는 멜라니를 잃은 슬픔에 힘들어하고 그 감정을 그대로 스칼렛에게 말한다. 그의 연약한 모습을 보고 스칼렛은 자신이 사랑하는 애슐리의 진짜 모습을 본다. 멜라니가 없는 애슐리는 그저 힘없고 초라한 보통의 남자였다. 스칼렛은 자신이 사랑하는 애슐리는 그런 연약한 남자여서는 안 되는데 자신이 그동안 잘못 알고 있었음을 알게 된다. 또한 자신이 그동안 진정으로 사랑한 남자는 레트였음을 깨닫는다.

그러나 레트는 스칼렛을 떠난다. 이제 진정한 사랑을 알아본 스칼렛은 레트에게 떠나지 말라고 매달리지만 레트는 그녀를 냉정하게 뿌리치고 떠나버린다.

스칼렛은 목표를 정하면 일체 다른 것을 보지 않는다. 목표를 달성하기 위해 가능하거나 가능하지 않은 방법까지 동원했다. 타라 농장이 폐허가 되었을 때는 억척스럽게 일해 병든 아버지와 동생들 그리고 농장의 식구들을 먹여 살렸고, 애정 없는 결혼일지라도 목표를 위해서 기꺼이 했다.

그녀의 드센 성격을 사랑하는 유일한 남자인 레트의 진심을 나중에서야 알게 된 것도 애슐리에 대한 착각 때문이다. 그녀는 자신이 알고 있는 것만을 믿기 때문에 애슐리에 대한 감정이 사랑이라는 것을 조금도 의심하지 않았다. 사람들의 비난과 오해도 그녀에

책으로 치유하는 시간

게는 전혀 문제가 되지 않는다. 도덕적이지 않은 것에도 스스로에게 관대하다. 타라 농장에 침입한 북군 병사를 총으로 쏴 죽이고 그의 돈주머니를 챙기는 것도 그녀는 당연하다고 생각하고 마음에 담지 않았다.

보니도 죽고 멜라니도 죽고 자신이 사랑하는 사람은 애슐리가 아니라 레트임을 알았으나 레트가 떠나버렸을 때 그녀는 회한의 눈물을 흘리지만 "내일은 또 다른 내일이니까"라는 말로 스스로를 위로하고 희망을 부여한다.

스칼렛이 지독한 이기주의자인 것은 맞다. 다만 그녀는 자신의 생각과 행동에 대해 확신에 차 있다. 그런 확신은 언제나 어떤 역경에도 굴하지 않고 다시 일어서는 열정과 생명력으로 이어졌다. 그래서 다른 여인이었다면 사랑이 떠나갔을 때 좌절하고 자신을 탓하며 상처에 매몰되었겠지만 그녀는 다른 내일에 대한 희망을 놓지 않는다.

자 존 감   상 실 은
    나   자 신 을
놓 아 버 리 는   것 이 다

《한강》

반면 주변에 끌려다니느라 자신의 인생을 주도적으로 살지 못하는 자존감 없는 인물이 있다. 조정래의 소설 《한강》에 나오는 이규백이다.

이규백은 가난한 집안의 둘째 아들로 동생도 여러 명 있다. 어려서부터 천재로 불리며 성장해 서울대 법대에 합격한다.

그즈음에 사하라 태풍으로 아버지와 형은 논의 물을 보러갔다가 물에 휩쓸려 죽는다. 고향의 어머니와 형수, 조카들, 그리고 동생들은 이제 그만을 바라보며 산다. 규백은 반드시 성공하여 집안을 일으키겠다는 결심을 한다. 그는 장학금과 국회의원 강기수의 후원으로 학교를 다닌다. 그리고 드디어 사법고시에 패스해 검사가 된다. 강기수는 자신의 딸과 규백을 결혼시키고 싶어 했으나 딸 강숙자의

책으로 치유하는 시간

거절로 결혼은 성사되지 못한다.

규백은 돈 많은 사업가의 딸과 결혼하고 궁궐 같은 처가에 들어가 신혼생활을 시작한다. 그러나 규백은 처가에서 철저히 무시를 당한다. 아내는 돈 때문에 자신과 결혼한 규백을 무시하고 장인과 장모는 그를 필요할 때만 이용하며 그 외에는 인간 대접을 해주지 않는다.

또한 결혼 전 고향 식구들을 도와주겠다는 처가의 약속은 지켜지지 않는다. 처음에는 아주 조금 돈을 주었으나 점차 모른 척한다. 규백은 자신의 월급에서 조금씩 떼어 생활비를 보냈으나 그마저 점점 여의치 않자 고향 식구들이 부담스럽게 느껴진다. 그는 자신이 빠져나올 수 없는 늪에 빠져 있다는 생각을 한다. 그러던 중 규백은 동생이 데모에 참여한 것 때문에 승진에서 탈락하여 지방으로 발령이 난다. 그는 자신이 이제 권력에서 멀어지고 있음을 알고 검사를 그만둔 후 변호사 개업을 한다.

그는 검사로 성공하지도 못했고, 고향의 가족들도 돌보지 못한다. 애정 없는 부인과 자신을 무시하는 처가를 뛰쳐나오지도 못한 채 그 집에 빌붙어 산다. 그를 따르던 후배들은 규백의 천재성을 아까워하고 실망하지만 그런 것들도 규백에게는 아무런 자극이 되지 못한다. 그는 점점 술에 빠져들고, 아무런 생각 없이 그 집에서 나이만 먹어갈 뿐이다.

이규백은 원래 나약한 사람이 아니었다. 4.19때 대부분의 법대 학생들이 잘못될까봐 기숙사에서 나오지 않았을 때도 그는 데모에 참가했을 정도로 정의로움을 갖고 있었다. 그랬던 그가 대저택에 살고, 좋은 차를 타며, 안정된 직장에 다니면서 세상과 타협하고 현실에 안주해버렸다.

권력을 얻겠다든지, 돈을 많이 벌겠다든지, 직장에서 최고의 자리까지 올라가겠다는 야망을 속물이라고 생각하는 경우가 있다. 그러나 그것은 삶의 희망이 될 수도 있는 꿈이다. 그 위치에 올라갔을 때 어떻게 살아가는지가 문제지 그런 꿈을 갖는 것은 잘못된 것이 아니다. 우리는 누구나 성공하기를 갈망한다. 어려운 환경에서 성장하는 사람들은 성공에 대한 집념이 더 강할 수밖에 없다. 이규백이 바로 그런 사람이었다.

그러나 그의 빛나는 의지와 명석한 두뇌는 결혼과 동시에 멈추어버렸다. 그는 자신의 능력을 아까워하지도 않으며 잃어버린 자존감을 찾을 의지도 없다. 자신을 그냥 방치해두고 괴로움을 가장 쉽게 잊을 수 있는 술에 의지한다.

되어가는 대로 자신을 포기하는 것은 자신의 의지를 믿지 않는 것이다. 이는 자신의 삶을 귀하게 여기지 않는 것과 같다. 우리는 실수를 했을 때 다시 만회하려고 한다. 그것은 해결을 위한 바람직한 태도다. 내가 다시 만회할 수 있을까에 대한 의문보다는 일단 해보겠다는 결심을 먼저 한다면 그것은 은연중에 나를 믿고 있기 때문이다.

나를 그냥 내버려두는 것은 삶을 포기하고 싶은 마음에서 기인할 때가 많다. 내가 믿지 않는 나는 아무런 존재 가치가 없다. 나를

책으로 치유하는 시간

지나치게 믿는 것은 차라리 믿지 않아서 초라해지는 것보다 낫다. 자신이 세상의 중심인 나쁜 남자 파우스트와 너무 이기적이지만 의지가 강한 스칼렛 오하라가 의지도 자존감도 잃어버린 이규백보다는 낫다.

나 자신을 굳게 믿는다면 상처를 받아도 굳은 의지로 헤쳐나갈 수 있지만, 자존감을 잃어버리면 상처를 극복해나갈 내 존재 자체가 없어져버리는 것이다.

자신을 확고히 믿는 사람은 갈등이 적다. 자신의 결정을 믿기 때문에 자꾸 뒤돌아보거나 하지 않기 때문이다. 자신을 믿는 사람은 확고한 의지를 갖고 있으므로 구차한 타협을 하지 않는다. 그로 인해 불이익을 받는다 해도 상처받지 않는다. 왜냐하면 적어도 부끄럽지는 않기 때문이다.

CHAPTER 18

나눔은 다른 사람들과
내 마음을 어루만져주는
치유의 샘

만약 내 주위에 따뜻한 사람이 있다면 그것은 큰 행운이다. 따뜻한 사람을 떠올리면 보통 베풂과 나눔이 가장 먼저 생각난다. 내가 갖고 있는 것을 아낌없이 나눈다면 나도 따뜻한 사람이 될 수 있다.

우리는 보통 돈이 없으면 베풀 여력이 없다고 생각한다. 가진 것을 양적으로만 생각하기 때문이다. 그러나 풍족하지 않음에도 나보다 덜 풍족한 사람에게 나누는 사람이야말로 진정으로 따뜻한 사람이다.

돈이 아니더라도 우리는 생각보다 가진 것이 꽤 많다. 시간, 재능은 물론이고 음식, 할인권, 쿠폰, 그리고 유용한 정보까지 남과 나눌 수 있는 것이 충분히 많다.

가진 것을 나누면 주는 사람도 받는 사람도 마음이 따뜻해진다. 소유의 욕구는 더 많은 갈망과 갈증을 불러오지만 나눔과 베풂은 충만함과 행복감을 가져다준다. 가진 것을 나누었다는 사실은 자존감을 높여준다. 그래서 오히려 자신의 상처를 치유해주는 효과가 있다.

많은 것을 가지지 않았어도 베풀고 나누며 사는 사람들을 볼 수 있다. 그리고 그 사람들을 통해 우리는 삶의 가치를 발견하고 마음을 치유하게 된다.

처	지	에		분	노	하	지		않	고
나	눔	으	로		행	복	을		찾	다

《자기 앞의 생》

프랑스 작가 에밀 아자르의 소설 《자기 앞의 생》은 마음을 나누는 삶이 어떠한지를 잘 보여주고 있다.

열 살로 알고 있지만 실제 나이가 14세인 남자아이 모모는 비송 거리의 엘리베이터가 없는 7층 건물 7층에 살고 있다. 그곳은 마담 로자의 집인데 그녀는 창녀들의 아이들을 맡아 기른다. 로자는 모모의 보호자로 모모는 몇 해 전부터 그녀에게 맡겨져 그곳에서 자라고 있다.

로자는 뚱뚱하고 짙은 화장을 하며 향수를 잔뜩 뿌린다. 그녀는 폴란드 태생 유태인으로 제2차 세계대전 당시 아우슈비츠 수용소에 갇혔다가 살아났으며 평생을 창녀로 살아왔다. 그녀는 현재 너무 뚱뚱해서 건강이 좋지 않고 엘리베이터가 없는 건물의 7층을 오르내리는 것에 큰 두려움을 갖고 있다.

로자는 창녀들이 맡긴 아이들을 돌보고 매월 그들의 엄마에게서 송금을 받고 있다. 그러나 송금이 끊긴 아이들을 차마 보호소에 보내지 못한다. 그녀는 불평을 하면서도 고아들을 애정으로 돌본다. 특히 모모는 그녀에게 가장 오랫동안 맡겨진 아이다.

로자는 하루하루 몸이 쇠약해진다. 그녀가 계단을 더 이상 오르내리지 못하게 되자 이제는 모모가 그녀를 보살핀다. 비송거리에서 그녀를 알고 있는 가난한 사람들은 모두 로자와 모모를 도와준다.

하밀 할아버지는 모모의 정신적인 멘토다. 할아버지는 한때 세상을 돌아다니며 양탄자 행상을 했으므로 아는 것이 많다. 그는 항상 웃는 얼굴을 하고 있다. 그가 웃는 이유는 좋은 기억력을 주신 하느님께 매일 감사하기 때문이다. 그러나 늙어가면서 기억의 대부분을 잃어간다.

모모는 하밀 할아버지에게 사람이 사랑 없이 살 수 있는지를 질문한다. 그것은 모모가 힘들 때 스스로에게 하는 질문이기도 하다. 할아버지는 이미 자신의 내면 속으로 들어가 버려서 누군가의 도움 없이는 살 수 없는 몸 상태가 되었다. 모모는 하밀 할아버지에게서 하루하루 도둑맞는 시간을 보지만 그가 아직 더 늙을 수 있다고 생각하며 그에게 질문을 계속 한다.

또 모모가 자주 찾아가는 사람 중에 의사 카츠도 있다. 카츠는 비송거리의 유태인과 아랍인들에게 자비를 베푸는 사람이다. 아침부터 저녁까지, 때로는 밤늦게 찾아오는 사람까지 모두 치료해준다.

모모는 카츠의 병원에 자주 가는데 아파서 가는 것이 아니라 그저 대기실에 앉아 있고 싶어서다. 환자가 많아 바쁠 때도 대기실 의자를 차지하고 앉아 있는 모모를 카츠는 항상 다정한 미소를 띠고 바라봐준다. 모모는 만일 아버지를 가질 수 있다면 카츠 선생님을 택하겠다고 생각한다.

또 한 사람은 여장을 한 남자인 롤라인데 모모는 그녀를 아줌마라고 생각한다. 롤라는 세네갈 사람으로 권투선수였다. 하루 종일 일하고 파김치가 되어도 7층까지 올라와 로자를 깨끗이 씻어주고 옷을 갈아입혀준다. 모모는 이렇게 착한 아줌마가 엄마가 되지 못하는 것이 불만이다.

비송거리에 사는 가난한 사람들은 로자에게 죽음이 다가오고 그녀가 거동을 못하게 되자 자신들만의 방식으로 그녀에게 활기를 찾아주고자 한다.

카츠는 치료비조차 낼 수 없는 그녀를 진찰하기 위해 7층을 올라온다. 이삿짐을 운반하는 직업을 가진 자움씨네 형제들은 웬만한 가구보다 육중한 몸을 가진 로자를 7층에서 들고 내려와 외출을 시켜준다. 불 삼키는 묘기를 부리는 아프리카사람 왈룸바는 그의 동료들과 로자 앞에서 묘기를 부리고 악령을 몰아내는 춤을 춘다. 왈룸바는 친구들을 데리고 7층에 자주 놀러온다. 그들은 로자를 운동시키기 위해 걷도록 붙잡아주었으며 더 이상 움직이지 못하게 되었을 때는 내장기관을 움직여줘야 한다며 시트째로 번쩍 들어 흔들기도 했다.

어느 날 로자는 결국 죽는다. 모모는 로자의 죽음을 사람들에게 알리지 않고 3주 동안이나 그녀의 옆을 지킨다. 썩어가는 시신의 냄새를 없애기 위해 향수를 뿌리며 그녀의 시신을 지킨다.

모모를 포함해 비송거리에 살고 있는 이들은 남을 도우면서 계산하지 않는다. 내가 도와주면 이런 보답을 받을 수 있겠지라는 생각으로 남을 돕는 것이 아니다. 그들은 고단한 삶을 서로 도우며 헤쳐나가고, 돕는 그 자체에서 기쁨을 느낀다. 그들은 물질적으로 가진 것이 없어도 진정한 나눔의 방법을 알고 있는 사람들이다.

사는 게 힘들고 너무도 조숙하며 아이답지 않은 시니컬함으로 인생이 허무하다고 생각하는 애늙은이 모모는 신경질적이거나 폭력적이지 않다. 정상적이지 못한 환경에서도 그의 품성이 망가지지 않은 것은 비송거리의 따뜻한 사람들을 보고 자랐기 때문일 것이다.

이 소설은 사회적으로 소외되고 결핍이 있는 사람들의 이야기임에도 가슴이 아프지 않다. 이들의 계산하지 않는 나눔과 로자를 위해서 하는 유머러스한 행동이 마음을 따뜻하게 해주기 때문이다.

절망에 빠졌을 때 내가 할 수 있는 변화를 끌어내는 것은 지혜로운 행동이다. 비송거리 사람들의 정의는 그들의 처지에 대한 사회적 분노가 아니라 더 곤경에 처한 이들을 보호하는 것이었다. 그들에게서 진정한 따뜻함이 무엇인지 살아가는 지혜를 한 수 배우게 된다.

책으로 치유하는 시간

진정한 나눔은
많이 가져서
나누는 것이 아닌
적게 가진 것 중에서
나누는 것이다

영화 〈나, 다니엘 블레이크〉에도 이런 따뜻한 사람이 나온다.

다니엘은 몇 년 전 아내를 잃었고 자신은 심장병으로 목수 일을 그만두게 되었다. 복지혜택을 받아야 하는데 시스템의 허점이 있어 혜택을 계속 받지 못하고 생활이 점점 어려워진다. 그러던 중 자신보다 더 어려운 처지의 케이티를 행정기관에서 만나게 되고 그녀를 안타깝게 생각한다. 두 자녀를 혼자 키우는 케이티는 끼니까지 굶을 정도로 가난하다. 다니엘은 점점 줄어드는 돈과 나빠지는 건강 상태에도 불구하고 케이티 가족을 돌본다.

그는 복지혜택을 받지 못하는 자신과 케이티의 상황에 분노하고 사회와 국가를 향해 목소리를 낸다. 비록 그의 목소리가 사회의 부조리와 현실을 바꾸지는 못했지만 그의 실천과 나눔은 큰 울림을 준다. 결국 그는 죽지만 그의 행동은 사람들에게 조금씩 영향을 주기 시작한다.

그런 작은 목소리가 하나둘 모이고 점점 커지게 되면 결국에는 사회를 바꾸는 원동력이 될 수 있다.

가진 것이 많아서 나누는 사람보다 덜 가졌는데 나누는 사람의 따뜻함은 울림이 크고 많은 사람에게 용기와 치유를 선사한다.

피천득의 수필 《인연》 중에 '장미'라는 짧은 글이 있다. 장미를 사가지고 오다가 아는 사람을 만나서 모두 주는 이야기다.

그는 가진 돈은 없지만 잠이 깨면 보려고 장미를 일곱 송이 사가지고 오다가 지인 Y를 만난다. Y는 아내가 아픈데 약 지으러 갈 돈이 떨어졌다고 말했고 그는 빌려줄 돈이 없어서 부인에게 주라고 장미 두 송이를 건네준다. 그리고 두 송이는 C의 꽃병에 시든 꽃이 꽂혀 있던 것이 생각나 하숙방을 찾아가 꽂아준다. 남은 세 송이는 길에서 만난 K가 애인을 만나러 가는데 들고 있는 꽃을 탐내서 다 줘버린다. 그는 집에 빈손으로 왔고 방에서 꽃을 기다리는 빈 꽃병을 보며 미안해한다.

가진 것을 나누었을 때 최대 수혜자는 나눔을 받은 사람보다 나누어준 내 자신이다. 나누었을 때 가장 큰 기쁨을 느끼는 사람은 바로 자신이기 때문이다. 그래서 나눔은 서로의 마음을 보듬고 내 상처까지 치유할 수 있는 좋은 방법이다.

대가를 바라지 않고, 명예와 상관없이 나누는 것이 진정한 나눔이다. 아무도 모르는
선행을 했을 때 채워지는 만족감은 자존감을 높여준다. 소리 없는 칭찬을 마음속에
서 혼자 들으며 내가 꽤 가치 있는 사람이라는 생각을 할 수 있다. 그것은 내 마음속
그늘까지도 없애줄 것이다. 그래서 나눔은 나를 위한 선택이고 값진 행동이다.

CHAPTER 19

상처를 주는 존재도,
치유하게 해주는 존재도
사람이다

살던 곳이나 근무했던 곳, 또는 공동체를 떠날 때 가장 아쉬운 것은 사람들과의 헤어짐이다. 그리고 그곳에서의 추억을 떠올릴 때 가장 먼저 생각나는 것은 함께했던 사람들이다. 객지에서 고향을 그리워할 때 그 대상은 그 지역이 아니라 거기에 있는 사람들이다. 고향에 아무도 아는 이가 없다면 그곳은 그저 고향일 뿐 그리움은 아니다. 힘든 순간에 가장 위로가 되는 것은 결국 사람들이었다. 그래서 우리 삶은 어떤 사람들과 어떻게 지내느냐가 매우 중요하다.

상처를 주는 대상도 사람이고, 가장 위로가 되는 것도 사람이라는 아이러니한 사실 앞에서 그래도 사람이 가장 큰 힘이라는 점은 부정할 수 없다. 힘들 때 가족이 가장 먼저 떠오르고, 오랫동안 보지 못한 마음 가는 친구를 만나면 너무나 반갑고, 매일 싸워도 무슨 일이 생기면 남편이나 아내에게 먼저 의논하는 것은 우리에게 가장 필요한 대상이 사람이기 때문이다.

삶에서 관계는
존재의 이유

《인간의 대지》

앙투안 드 생텍쥐페리의 소설《인간의 대지》는 가장 절망적인 상황에서 다른 사람을 떠올리며 이겨내는 이야기다.

주인공 그는 라떼꼬에르 회사의 정기 항공로 조종사다. 항공사의 주 업무는 전 세계로 우편물을 실어 나르는 것이다. 그는 자신의 손으로 사람들의 열정이 담긴 소식을 전한다는 자랑스러움을 갖고 있다.

라떼꼬에르 회사에는 조난을 당한 두 명의 조종사가 있다. 한 명은 메르모즈인데 그는 유능하고 모험적인 조종사로 비행의 살아 있는 전설로 알려져 있다. 그는 여러 번의 사고에서도 사막과 산악, 밤과 바다를 헤매다 구조되었다. 그가 돌아오는 것은 마치 다시 떠나기 위해서인 것처럼 그는 항해를 계속해왔다. 그런데 남대서양

상공을 횡단하던 중 비행기 결함으로 후방 오른쪽 엔진을 끊어버린다는 교신을 끝으로 돌아오지 못했다.

또 한 사람은 기요메로 그와 친한 동료다. 기요메는 안데스산맥을 횡단하던 중 불시착했는데 7일 만에 구조되었다. 기요메는 영하 40도의 추위 속에서 4,500미터의 산을 걸었고 절벽을 탔으며 피투성이가 되어 있었다. 구조 당시 그는 거의 산 사람이라고 보기 어려웠다. 그는 1분이라도 쉬고 싶은 욕망이 들 때면 아내가 내가 걷고 있을 거라고 생각할 것이라는 사실을 상기하면서 걸었다고 한다. 그는 기요메의 위대함은 자신의 책임을 느끼는 데 있다고 생각한다. 자기 자신에 대한 책임, 우편기에 대한 책임, 기다리는 동료들과 가족들에 대한 책임, 운명의 일부에 대한 책임을 갖고 있어야 함을 기요메를 보면서 느낀다.

그는 동료 네리와 함께 비행을 하던 중 위치 측정의 무선 유도장치에 오류가 생겨서 궁지에 빠진다. 그러나 결국에는 시스네로스 비행장에 무사히 착륙했고 네리와 다시 맞이한 아침, 따뜻한 빵, 커피 등 일상의 소박함 속에서 신을 본다고 생각한다. 또한 비행을 하면서 보는 수많은 별 중에서 새벽의 향기로운 식사를 차려주는 별은 오직 지구뿐이라고 생각한다. 첫 번째 조난에서 그가 느낀 것은 무사히 착륙할 수 있는 대지가 있는 것에 대한 고마움이었다.

그는 1935년에 두 번째 조난을 당한다. 인도차이나반도를 향한 장거리 비행 중 동행 기관사 쁘레보와 사하라 사막 한가운데 불시착한다. 방수천에 고이는 새벽이슬을 모아 마시고 오렌지 한 개를

책으로 치유하는 시간

반으로 나누어 먹었을 뿐 아무것도 먹지 못한 채 여러 날을 버티다가 걷기로 한다. 그는 탈진하고 몽롱한 상태에서 신기루를 보면서 맞는 방향으로 가고 있는지 두려움을 느낀다. 그리고 책임져야 할 사람들을 안심시키지 못하는 무력감이 절망스럽다.

그는 계속해서 기요메를 생각한다. 그가 구조된 뒤 했던 말을 떠올리며 방향을 잡고 다시 걷는다. 그와 쁘레보는 거의 죽기 직전에 아랍인들에 의해 구조된다. 그는 이제 대지의 고마움을 넘어 다른 고마움을 알게 된다. 그것은 자신에게 중요한 것은 사람들이었다는 점이다.

그는 사막에서 불시착 후 구조되었던 몇 번의 경험이 있었지만 이번 사하라 사막에서의 조난에서는 구조에 확신이 없다. 그는 울고 있는 쁘레보가 자신 때문에 우는 것이 아니라고 말했을 때 자신을 기다리고 있는 사람들을 생각하며 아픔을 느낀다. 그리고 걸어야 할 책임감을 갖는다. 그는 메르모즈의 죽음을 상기한다. 그의 죽음으로 동료들은 한동안 슬픔에 싸여 있었다. 메르모즈의 죽음을 통해 아무것도 죽은 동료를 대신할 수 없음을 알게 되었다. 그리고 함께한 추억, 함께 겪었던 위험한 시간들, 불화와 화해 등 함께 공유한 시간만큼 값진 것이 없음을 깨달았다.

그는 동료들의 죽음으로 비행에 대한 생각이 달라졌었다. 직업의 위대함이란 사람들을 결합시키는 데 있으며 물질적인 이익만을 위해 일한다면 자신을 고독 속에 가두고 있는 것임을 그는 이미 알고 있었다. 그에게 동료들은 비행 이상의 의미였다.

그는 견딜 수 없는 갈증과 내리쬐는 사막의 태양을 견디고 견디며 계속해서 걸었다. 더 이상 걸을 수 없을 때도 죽을힘을 쥐어짜 걸었다. 그가 멈추지 않은 이유는 다름 아닌 자신의 죽음으로 다른 사람들이 겪게 될 슬픔을 알고 있었기 때문이다.

그가 죽음의 사선에서 살아난 것은 걸었기 때문이다. 그리고 그가 걸을 수 있었던 것은 관계에 대한 책임감 때문이다. 그에게 가장 안락한 대지는 바로 사람이었다.

관계의 적은 나의 창으로 바라보는 편견

《대성당》

가족을 사랑하는 것은 어렵지 않다. 사랑하지 말라고 해도 깊이 사랑한다. 하지만 남들을 사랑하는 것은 그보다는 어렵다. 사람이 소중하다는 것은 알고 있지만 적극적인 행동으로 옮기려고 하면 쉽지 않다. 특히 마음에 안 드는 사람을 사랑할 수 있는 사람은 많지 않을 것이다.

레이먼드 카버의 소설《대성당》은 절대로 가까워 질 수 없을 듯한 관계에서 친밀해지기 시작하는 내용을 담고 있다.

소설의 화자인 그의 아내에게는 맹인 친구가 있다. 맹인의 이름은 로버트다. 아내는 10여 년 전 로버트에게 책을 읽어주는 아르바이트를 했고, 그 일을 그만둔 후에도 계속 연락을 하고 있다. 로버트는 아내 후임으로 일한 뷰라와 결혼해서 8년간 살았으나 얼마 전

뷰라가 병으로 죽었다. 상실감에 빠진 로버트는 오랜 친구인 그의 아내를 만나러 오겠다고 했다.

아내는 그동안 로버트와 계속 대화를 해왔는데 주로 녹음을 해서 서로에게 보냈다. 아내의 모든 사적인 일을 로버트가 알고 있는 셈이다. 그는 그것이 마음에 들지 않는다. 아내는 그와 결혼하기 전에 다른 남자와 결혼했던 경험이 있다. 그 남자와의 결혼생활은 자살까지 시도할 정도로 힘들었는데 이 모든 사실을 로버트는 자세히 알고 있다. 또 그를 만나 사귀고 결혼한 과정을 비롯해 현재의 생활까지 시시콜콜 다 알고 있는 것이 그는 기분이 나쁘다. 하지만 아내를 찾아오겠다는 친구를 못 오게 할 수도 없는 노릇이었다. 결국 로버트가 집에 도착한다.

그들은 저녁식사를 하고 차와 술을 마시며 대화를 나눈다. 그는 로버트가 계속 마음에 들지 않아 때때로 빈정거린다. 그럴 때 아내는 슬쩍 눈을 흘긴다거나 몸짓으로 제지를 했지만 그는 개의치 않는다. 게다가 로버트는 당당하게 하고 싶은 말을 다 하면서 은근히 자신보다 나이 어린 그에게 편한 말투로 이야기를 했다. 그는 이 말투와 남의 집에서 편해 보이는 얼굴까지도 마음에 들지 않는다.

아내가 자리를 비우고 둘만 남게 되자 분위기가 어색해서 그는 텔레비전을 켠다. 텔레비전에서는 대성당에 대한 프로그램이 방영되고 있다. 로버트는 대성당의 모습을 설명해 달라고 하는데 그는 그런 건축물을 묘사해본 적이 없어서 그것을 설명하기가 매우 어렵다. 그러자 로버트가 종이를 가져와서 그려달라고 말한다. 그는 포

책으로 치유하는 시간

장종이가방을 펴서 테이블에 놓고 거기에 대성당을 그리기 시작하고 로버트는 그림을 그리는 그의 손 위에 손을 올려놓고 움직이는 방향을 느낀다. 그는 그림에 재능이 없지만 로버트는 그의 그림에 만족한다.

로버트는 그에게 눈을 감고 계속 그려보라고 제안한다. 그는 눈을 감고 그림을 그리고 로버트의 손가락들은 그의 손가락을 타고 있다. 그는 이런 경험이 처음이지만 묵묵히 그리면서 점점 몰두하게 된다. 그림을 다 그렸을 때 어떠냐고 묻는 로버트에게 그는 눈을 뜨지 않은 채 대단하다고 말한다.

그는 처음에는 로버트와 마음을 나눌 생각이 전혀 없었다. 그와 맹인은 아주 다른 사람이고 아내라는 매개를 통해 대화를 나눌 수밖에 없었다. 그들은 친해질 가능성이 전혀 없어 보였다. 하지만 그들은 특별한 방법으로 대화를 나눈다. 보지도 않고 말도 하지 않으면서 움직임과 접촉을 통해 서로의 마음이 같아진다. 그는 그려본 적 없는 대성당을 재주 없는 솜씨로 그려내고, 로버트는 그의 움직임에 한 치의 의심도 없이 마음을 싣는다.

그는 그림을 그리면서 자신의 손 위에 얹혀 있는 로버트의 손가락을 느끼며 의무감을 갖는다. 이것은 그가 일생에서 처음 겪는 경험이다. 그는 다소 무뚝뚝하고 사고가 닫혀 있는 편으로 그의 관계에 대한 정의는 항상 자기 기준이었다. 자신의 그림에 의존해 사물의 형상을 판단하려는 로버트의 의지가 그에게는 새로운 경험으로 관계의 변화를 가져왔다.

소설은 거기서 끝이지만 그들은 이제 친구가 될 것이다. 신선하고 감동적인 경험으로 그는 로버트를 친구로 맞아들일 것이고, 원래 열린 마음을 가진 로버트는 그를 기꺼이 받아들일 것이다.

세상에 친해지지 못할 사람은 없다. 다만 여러 가지 조건들이 가로막고 있을 뿐이다. 그런데 그 조건은 우리가 만든 것으로 객관적인 것은 아니다. 로버트를 만나기 전 그에 대한 부정적인 생각으로 조건을 설정해 놓았던 그가 관계의 변화를 가져온 계기는 놀랍게도 그림이었다. 이처럼 우리가 설정한 객관적이지 않은 조건들은 쉽게 무너뜨릴 수 있는 것들일 가능성이 높다.

우리는 그동안 주변 사람들과 친밀하게 지내기도 하고 때로는 싸우거나 반목하며 지내기도 했을 것이다. 그리고 그들과 주고받은 상처의 경험이 있을 것이다. 그럴 때 치유의 몫은 나에게 남겨진 숙제다.

우리가 상처를 치유하기 위해 노력하는 것은 나를 위한 것이지만 동시에 다른 사람을 위한 것이기도 하다. 치유하지 않은 상처는 언젠가는 대갚음할 준비를 하고 있기 때문이다.

그러므로 사람들과의 관계를 소중하게 생각하는 것은 상처를 떠나보낼 수 있는 가장 기본적인 방법이다. 사람 때문에 힘들다고 해서 모든 사람에게 화살을 돌리면 안 된다. 도저히 관계를 지속할 수 없는 사람이 있다면 그를 떠나면 된다. 다른 사람들은 여전히 나의 좋은 지인들이기 때문이다.

또 어떤 문제가 생겼을 때 확대해석하지 말아야 한다. 수학 선생님이 싫다고 해서 수학공부를 팽개치면 안 되고, 성직자에게 실망했다고 해서 종교까지 버릴 필요는 없는 것이다. 좋은 수학 선생님, 훌륭한 성직자는 훨씬 많다. 한 사람에게 실망했다고 해서 그것을 확대해석하면 나에게 소중한 것을 잃거나 포기하게 된다. 또 그로 인해 불신감과 피해심리가 생겨서 다른 사람들을 대하는 방식에도 문제가 생길 수 있다. 나에게는 소중한 나의 지인들이 있으며 그들은 여전히 내 친구들이다. 또 그들에게 나도 그런 존재다.

내 주변의 사람들, 하루에도 셀 수 없이 만나는 새로운 사람들이 내 삶의 한 부분임은 분명하다. 상처를 주고받으며 그것을 치유하기 위해 안간힘을 쓰는 것은 그들이 내 삶의 일부분이기에 결코 떨쳐낼 수 없기 때문이다.

《인간의 대지》의 그가 사막에서 살아나온 생존의 이유가 다른 사람들이었던 것처럼, 《대성당》의 그가 절대 함께하고 싶지 않던 로버트와의 특별한 경험을 통해 새로운 관계를 시작하는 것처럼 사람 때문에 힘들고 상처받더라도 사람이 우리를 변화하게 하고 견디게 하는 소중한 존재임을 잊지 말자.

우리가 이 세상을 살아가는 이유 중의 하나는 다른 사람들과의 관계 때문이다. 아무리 가진 것이 많아도 나눌 사람이 없으면 무의미하다. 외롭고 지쳤을 때 가장 위로가 되는 것도 사람들이었고 기쁨을 나눌 대상도 사람들이었다. 그들과의 사랑과 미움이 교차하는 순간들도 내 삶의 한 페이지이며 내가 존재하는 이유다. 우리는 비록 사람 때문에 상처받지만 그것을 치유하게 하는 것도 바로 내게 소중한 사람들이다.

참고문헌

국내도서

이문열, 《추락하는 것은 날개가 있다》, 자유문학사, 1992년.

김승옥, 《서울, 1964년 겨울》, 심지출판사, 1987년.

채만식, 《레디메이드 인생》, 혜원출판사, 1998년.

최인훈, 《광장》, 문학과지성사, 1980년.

이문열, 《변경》, 문학과지성사, 1989년.

김용성, 《도둑일기》, 문이당, 2007년.

서영은, 《사막을 건너는 법》, 둥지출판사, 1997.

이문열, 《아우와의 만남》, 둥지출판사, 1995.

박완서, 《그해 겨울은 따뜻했네》, 민음사, 1983년.

서영은, 《먼 그대》, 문학사상사, 1983년.

정미경, 《밤이여, 나뉘어라》, 문학사상사, 2006년.

조정래, 《한강》, 해냄출판사, 2001년.

피천득, 《인연》, 샘터, 1996년.

해외도서

요한 볼프강 폰 괴테, 박종서 옮김, 《젊은 베르테르의 슬픔》, 동화, 1973년.

제롬 데이비드 샐린저, 조용남 옮김, 《호밀밭의 파수꾼》, 하서출판사, 1999년.

펄 S. 벅, 유혜경 옮김, 《대지》, 소담출판사, 1994년.

무라카미 하루키, 유유정 옮김, 《상실의 시대》, 문학사상사, 2000년.

카슨 매컬러스, 공경희 옮김, 《마음은 외로운 사냥꾼》, 문학세계사, 2005년.

어니스트 밀러 헤밍웨이, 오영진 옮김, 《정갈하고 밝은 곳》, 다상, 2012년.

버지니아 울프, 박지은 옮김, 《등대로》, 동서문화사, 2010년.

에리히 마리아 레마르크, 김진현 옮김, 《개선문》, 청림출판사, 1989년.

콘스탄틴 게오르규, 최규남 옮김, 《25시》, 홍신문화사, 1992년.

하인리히 테오도르 뵐, 김연수 옮김, 《카타리나 블룸의 잃어버린 명예》, 민음사, 2008년.

안톤 파블로비치 체호프, 김종성 옮김, 《귀여운 여인》, 행복한아침, 2008년.

기 드 모파상, 전혜경 옮김, 《비계덩어리》, 혜원출판사, 2004년.

윌리엄 서머싯 몸, 윤형묵 옮김, 《루이즈》, 청목사, 2001년.

소포클레스, 황문수 옮김, 《오이디푸스 왕》, 범우사, 1998년.

요한 크리스토프 프리드리히 폰 실러, 홍경호 옮김, 《군도》, 범우사, 2002년.

베르나르-마리 콜테스, 임수현 옮김, 《목화밭의 고독 속에서》, 민음사, 2005년.

윌리엄 제럴드 골딩, 유혜경 옮김, 《파리대왕》, 소담출판사, 1993년.

에밀 졸라, 오현우 옮김, 《테레즈 라캥》, 정음사, 1974년.

어니스트 밀러 헤밍웨이, 박정수 옮김, 《킬리만자로의 눈》, 청목, 2003년.

어니스트 밀러 헤밍웨이, 이종수 옮김, 《무기여 잘 있거라》, 일신서적, 2000년.

윌리엄 서머싯 몸, 송무 옮김, 《인간의 굴레》, 민음사, 1998년.

토니 모리슨, 장정남 옮김, 《술라》, 을유문화사, 1993년.

헤르만 헤세, 홍경호 옮김, 《나르치스와 골드문트》, 범우사, 1988년.

알렉산드르 이사예비치 솔제니친, 류필화 옮김, 《이반 데니소비치의 하루》, 소담출판사,
    1994년.

페터 한트케, 윤용호 옮김, 《소망 없는 불행》, 민음사, 2002년.

도리스 레싱, 정덕애 옮김, 《다섯째 아이》, 민음사, 1999년.

요한 볼프강 폰 괴테, 박종서 옮김, 〈파우스트〉, 동화, 1973년.

마거릿 머널린 미첼, 윤종혁 옮김, 《바람과 함께 사라지다》, 신원문화사, 1992년.

에밀 아자르, 용경식 옮김, 《자기 앞의 생》, 문학동네, 2003년.

앙투안 드 생택쥐페리, 공병억 옮김, 《인간의 대지》, 상아출판사, 1992년.

레이먼드 카버, 김연수 옮김, 《대성당》, 문학동네, 2007년.

세계문학으로 읽는 상처테라피
책으로 치유하는 시간

초판 1쇄 발행 2019년 4월 30일
초판10쇄 발행 2023년 12월 18일

지은이 김세라
펴낸곳 보아스
펴낸이 이지연
등 록 2014년 11월 24일(No. 제2014-000064호)
주 소 서울시 양천구 목동중앙북로8라길 26, 301호(목동) (우편번호 07950)
전 화 02)2647-3262
팩 스 02)6398-3262
이메일 boasbook@naver.com
블로그 http://blog.naver.com/shumaker21
유튜브 보아스북 TV

ISBN 979-11-89347-02-4 (03180)

이 도서의 국립중앙도서관 출판시도서목록(CIP)은 서지정보유통지원시스템홈페이지
(http://seoji.nl.go.kr)와 국가자료공동목록시스템(http://www.nl.go.kr/kolisnet)에서
이용하실 수 있습니다.(CIP제어번호: CIP2019013804)